PART DE VIE PART DE JEU

Une incursion critique dans l'œuvre graphique et sculpturale de **Michel Goulet**

Josée Bélisle

Musée d'art contemporain de Montréal
Du 11 novembre 2004 au 3 avril 2005

PART DE VIE
PART DE JEU

Une incursion critique dans l'œuvre graphique et sculpturale de Michel Goulet

Une exposition organisée par le Musée d'art contemporain de Montréal et présentée du 11 novembre 2004 au 3 avril 2005.

COMMISSAIRE : Josée Bélisle, conservatrice de la collection permanente
DOCUMENTATION BIOBIBLIOGRAPHIQUE : Martine Perreault

Cette publication a été réalisée par la Direction de l'éducation et de la documentation du Musée d'art contemporain de Montréal.

DÉPÔT LÉGAL : 2004
Bibliothèque nationale du Québec
Bibliothèque nationale du Canada

CATALOGAGE AVANT PUBLICATION DE BIBLIOTHÈQUE ET ARCHIVES CANADA

Bélisle, Josée
Part de vie, part de jeu : une incursion critique dans l'œuvre graphique et sculpturale de Michel Goulet
Catalogue d'une exposition présentée au Musée d'art contemporain de Montréal du 11 nov. 2004 au 3 avril 2005.
Comprend des réf. bibliogr.
Texte en français et en anglais.

ISBN 2-551-22564-7

1. Goulet, Michel, 1944- – Expositions. I. Goulet, Michel, 1944- . II. Musée d'art contemporain de Montréal. III. Titre.

NB249.G687A4 2004 730'.92 C2004-941735-5F

ÉDITRICE DÉLÉGUÉE : Chantal Charbonneau
RÉVISION ET LECTURE D'ÉPREUVES : Olivier Reguin, Susan Le Pan
TRADUCTION : Susan Le Pan
CRÉDITS PHOTOGRAPHIQUES : Centre de documentation Yvan Boulerice, page 27 ; Christopher Cutts Gallery, pages 50, 51 ; Christopher Cutts Gallery, Arnold Wytenburg, pages 56, 57 ; Ron Diamond, page 30 ; Denis Farley, pages 24 (haut), 29 ; La Chambre Blanche, Louis Audet, pages 54, 55 ; Marlène Gélineau Payette, pages 45, 46 ; Étienne Goulet, pages 9, 66 ; Guy L'Heureux, pages 47, 49 ; Jacques Payette, pages 38, 41 ; Daniel Roussel, Centre de documentation Yvan Boulerice, page 42 ; Oren Slor, pages 17, 74 ; Richard-Max Tremblay, couvertures, pages 4, 19 (bas), 23, 24 (bas), 25, 26, 31, 34, 35, 43, 44, 48, 52, 53, 58, 59, 60, 62, 75 (droite), 76 (gauche)
CONCEPTION GRAPHIQUE : Fleury / Savard, design graphique
IMPRESSION : Imprimerie L'Empreinte

Le Musée d'art contemporain de Montréal est une société d'État subventionnée par le ministère de la Culture et des Communications du Québec et bénéficie de la participation financière du ministère du Patrimoine canadien et du Conseil des Arts du Canada.

REMERCIEMENTS
Michel Goulet ; Robert-Jean Chénier ; Jean Cliche ; Christopher Cutts, Christopher Cutts Gallery ; Gilles Daigneault ; Denise Desautels ; Andrée et Patrice Drouin ; Cécile Gélinas et Suzanne Pressé, Musée des beaux-arts de Sherbrooke ; Sylvie Gélineau ; Michel Giroux ; Carl Johnson, Musée régional de Rimouski ; Céline Lamarre ; Luc LaRochelle ; Denis Marleau ; Jacques Payette ; John R. Porter et Yves Lacasse, Musée national des beaux-arts du Québec ; Sylvie Provencher ; Denis Roy ; Richard-Max Tremblay — ainsi que des collectionneurs qui ont souhaité conservé l'anonymat.

DISTRIBUTION
ABC Livres d'art Canada / Art Books Canada
372, rue Sainte-Catherine Ouest, bureau 230, Montréal (Québec) H3B 1A2
Téléphone : (514) 871-0606 Télécopieur : (514) 871-2112
www.abcartbookscanada.com
info@abcartbookscanada.com

COUVERTURES : Atelier de l'artiste

Conseil des Arts du Canada / Canada Council for the Arts

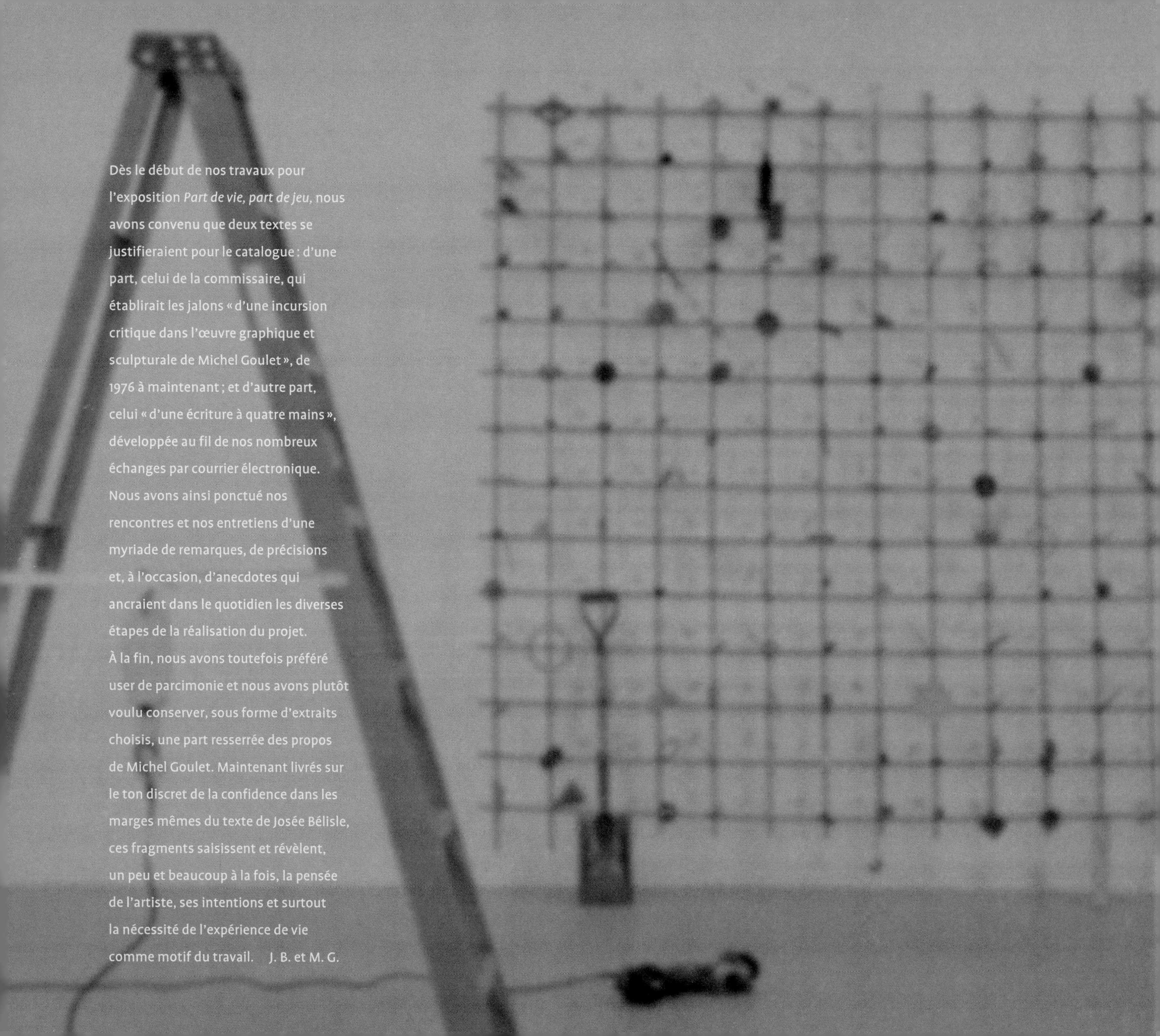

Dès le début de nos travaux pour l'exposition *Part de vie, part de jeu*, nous avons convenu que deux textes se justifieraient pour le catalogue : d'une part, celui de la commissaire, qui établirait les jalons « d'une incursion critique dans l'œuvre graphique et sculpturale de Michel Goulet », de 1976 à maintenant ; et d'autre part, celui « d'une écriture à quatre mains », développée au fil de nos nombreux échanges par courrier électronique. Nous avons ainsi ponctué nos rencontres et nos entretiens d'une myriade de remarques, de précisions et, à l'occasion, d'anecdotes qui ancraient dans le quotidien les diverses étapes de la réalisation du projet.
À la fin, nous avons toutefois préféré user de parcimonie et nous avons plutôt voulu conserver, sous forme d'extraits choisis, une part resserrée des propos de Michel Goulet. Maintenant livrés sur le ton discret de la confidence dans les marges mêmes du texte de Josée Bélisle, ces fragments saisissent et révèlent, un peu et beaucoup à la fois, la pensée de l'artiste, ses intentions et surtout la nécessité de l'expérience de vie comme motif du travail. J. B. et M. G.

Variations sur l'espace, l'objet et l'expérience, ou les mérites d'une dialectique du paradoxe

Josée Bélisle

Heureux l'observateur qui s'adonnera à l'examen réfléchi et attentif de l'œuvre de Michel Goulet de ces trente dernières années : il sera amené progressivement en territoires sans doute connus, à l'occasion reconnus ou encore parfois inconnus. Introduite très tôt dans le travail de Michel Goulet, la notion de suite ou de cycle suggère plutôt qu'elle n'induit l'idée de variations, ces dernières enclines à la rupture et au renouvellement, à la nuance et à la brillance. Au hasard provoqué d'un parcours méthodiquement annoté se dévoile un projet sculptural tout entier nourri des rigueurs de l'objet : l'objet même d'une pratique, considéré sous ses états premiers — matière, volume, espace — et l'objet reconnaissable, plutôt choisi que trouvé, riche de contenus volontiers contradictoires. Michel Goulet révèle d'emblée les principales caractéristiques de l'objet tout comme il sait l'investir de sens contraires, possiblement paradoxaux. Ainsi mis à nu dans sa structure et sa fonction, l'objet devient l'écran sur lequel se projettent tour à tour des acceptions nouvelles, des schèmes de compréhension particuliers et des configurations spatiotemporelles spécifiques. Si, dans ses ingénieuses constructions et ses assemblages singuliers, l'artiste parvient à suggérer et à brouiller simultanément pistes et indices, il n'en propose pas moins l'expression achevée de l'essentiel : la quête de sens à travers l'expérience.

Ce qui pourrait nous sembler inépuisable dans notre rapport à l'œuvre comme spectateur ou créateur, c'est l'état contemplatif, soit ce regard qui semble pouvoir nous absorber pour toujours, nous animer sans épuisement possible, nous nourrir inlassablement. Comme tout

LE MONDE, JE CROIS, JE PEUX ME LAISSER PRENDRE PAR L'ULTIME BEAUTÉ D'UN ORDRE, D'UNE REPRÉSENTATION, MAIS EN GÉNÉRAL, QUAND JE REGARDE, J'OBSERVE. JE DÉMONTE PIÈCE PAR PIÈCE LES ÉLÉMENTS DE LA (RE) PRÉSENTATION OU D'UN OBJET NATUREL OU FABRIQUÉ, J'ANALYSE LES SYSTÈMES, REPÈRE LES ASTUCES, DÉCOUVRE LES COMBINAISONS, ME LAISSE SÉDUIRE. JE ME FAIS COMPLICE DE LA STRUCTURE ET DES APPARENCES. JE NE CHERCHE PAS À M'ÉLOIGNER DE LA BANALITÉ DU QUOTIDIEN EN ME LAISSANT ABSORBER PAR DU SUBLIME. SI JE TROUVE DES CHOSES DE LA VIE OU DU QUOTIDIEN DÉCEVANTES, C'EST QUE JE NE SENS PAS LE BESOIN IMMÉDIAT DE M'Y ATTARDER. DÈS QUE JE RETIRE LE MASQUE D'UNE ACTION OU D'UN OBJET ORDINAIRE, CE SONT MA CONSCIENCE, MA MÉMOIRE, MON EXPÉRIENCE QUI SONT INTERPELLÉES. M. G.

Au sein de l'exposition *Part de vie, part de jeu,* certaines des préoccupations essentielles de Michel Goulet sont mises en évidence. Au-delà du ludisme d'ordinaire associé à la mise en présence d'objets issus du quotidien, il faut plutôt considérer les enjeux de la pratique sculpturale en cernant les stratégies formelles et spatiales, les procédés d'exécution, les jeux d'équilibre entre les composantes — leurs rapports au sol et au mur —, les notions d'horizontalité, de verticalité et de frontalité, entre autres. Goulet a recours au processus d'inventaire et d'énumération ; il ménage des allusions au contexte culturel, social et politique et il insiste, tant dans les rapports d'échelle que dans ses motifs — table, lit, chaise, boîte et maison… — sur la préséance du corps et sur les conditions de l'existence.

Sans pour autant prédéterminer le mode de réception de ses œuvres ni en orienter de manière définitive la lecture, Michel Goulet n'en livre pas moins aux spectateurs, à travers l'énoncé des titres, des clés facilitant l'appréhension de son discours visuel et l'établissement d'un libre dialogue entre les formes et les êtres. Du littéral — *Édification horizontale* (1978), *De la limite* (1980), *Contour* (1981) — au littéraire — *Effets secrets* (1985), *Les Rapprochements inattendus* (1988), *Leçons d'époque* (1990) —, du descriptif — *Complément axial* (1980), *Horizon et perspectives fuyantes* (1990), *Un signe de la main* (1996) — à la métaphore — *Trophée* (1986), *Assemblée* (1987), *Porter le mur comme le masque* (2000) —, de l'allitération — *Mur/mur* (1981), *Rives et dérives* (1992), *Sans toit (sans toi)* (1984) — à l'opposition de contraires — *Couvert / ouvert* (1985), *Faire et faire faux* (1996), *Mémoires mensongères* (1989) — et au renforcement textuel — *Exil / exode* (1992), *Posture / imposture* (1988), *Faction / factice* (1987) —, ces raccourcis d'écriture paraphrasent en quelque sorte ce qui tiendrait du non-verbal et, calquant et décalquant les modes de conception et de fabrication de l'objet, ils informent à des degrés divers sur les résultats tangibles (visibles) d'opérations multiples. Reflets convenus d'une inscription au sein de la société nord-américaine, les titres anglais, qu'ils soient originaux — *Games* (1988), *Lead Bread* (1988), *R.E.A.C.H.* (1995) —, ou traduits précisément — *Make and Fake (Faire et faire faux,* 1996) — ou librement — *Mind Mines* (*Les Pièges de l'esprit,* 1996), *Gravity Round* (*La Chute des corps,* 1994), *Eden-Garden-End,* 2004 — réitèrent, de manière paradoxale, l'intention initiale de communiquer par la matière et les choses au-delà des mots. L'exactitude, la richesse et la polysémie du vocabulaire et de la langue procèdent à dessein d'une logique formelle implacable, sensible cependant aux méandres de l'intuition et aux mérites de la pondération.

MUR/MUR, 1981
Collection du Musée d'art contemporain de Montréal

Dès 1976, Michel Goulet définit l'espace de la sculpture en tant que « lieu instable » et « lieu interdit ». Il affiche une nette prédilection pour le plan et les axes linéaires, et il revendique une apparente précarité de l'équilibre. S'appropriant parfois le mur comme l'un des supports de l'œuvre, il élabore de crédibles constructions qui « s'articulent autour du concept d'instabilité visuelle et physique[1]. » D'étroits plans d'acrylique transparent se dressent à la verticale, lestés par des plaques et des contrepoids d'acier et de bois colorés (blanc, noir, gris et rouge) et / ou retenus par d'ingénieux systèmes d'attache. Plus près du sol, les *Édifications horizontales* (à partir de 1978) sont composées d'éléments longitudinaux d'acier peint à l'antirouille, accolés, entrelacés ou encore noués, et supportés par des réseaux de tiges métalliques. L'économie des moyens plastiques, l'élévation relative, la part du mur s'opposant à l'autonomie spatiale des composantes, voilà autant de paramètres qui enchâssent une recherche assidue de règles et de codes permettant à l'artiste d'édifier, sans concession, son système sculptural.

Avec *Contour* (1981), Goulet poursuit l'exploration d'une forme géométrique épurée, simplifiée, en insistant sur les contours de volumes élémentaires évidés — le cube, la boîte, la plate-forme rectangulaire —, sur la qualité matérielle des plans et des axes qui les circonscrivent — le treillis, la grille et les bandes métalliques — et sur la triple mise en évidence d'une volumétrie du vide. L'on observe, dans cette mise en abyme, la clarté de définition du volume et de l'espace qui définira toute son œuvre. Retenu pour son intégrité comme matériau de la sculpture, l'acier est ici recouvert de zinc. Cette patine grisâtre accentue les effets d'opacité ou de transparence des surfaces, de même qu'elle souligne la dynamique complexe d'assemblage, de repliement et d'attache des bandes d'acier constituant le rectangle. L'artiste concerte ainsi un objet sculptural « dé-minimalisé » dont l'aspect concret accueille l'irrégularité, privilégie la fluidité de facture du dessin dans l'espace et suggère l'ouverture plutôt que la densité des masses ou la finitude. À la limite paradoxale, la sculpture plus monumentale en acier *Mur/ mur* (1981) propose, en plan et en élévation, une volumétrie massive, livrée aux tensions qui se jouent entre les structures d'appui, les plans, les entrelacs, un cylindre et un mur *édifié* et tous les vides de matière et les pleins d'espace qui en résultent.

Reconnaissable dans *Autour/ atours* (1983), à la suite de *Fac-similé* (1982), l'objet ne s'en ménage pas moins une discrète mais efficace présence. La table, l'un des éléments du mobilier archétypes du quotidien, surgit et s'élève, découpée, dirait-on, à même une plaque de cuivre déposée sur le sol. Au bord de la plaque, des accessoires — un crémier, un galet de rivière, une pièce de meccano, de la laine, une éponge, de l'ardoise, un serre-joint... — sont déposés à proximité de découpes et de petites fabrications dévoilant leurs configurations. Tout « autour » de cet ordonnancement rectangulaire, quatre autres pieds de table, l'un en bois sculpté, l'autre coulé en aluminium, le troisième façonné en papier mâché et le dernier fait de morceaux de tôle galvanisée, recadrent l'ensemble en insistant d'abord sur la morphologie de la table, sur ses modes de fabrication (et ceux de la sculpture portant les traces de son processus), sur ses variations stylistiques et, enfin, sur ses usages multiples : y manger, travailler, écrire, dessiner... Brillant sous ses « atours », le cuivre miroite et illustre les notions de double et de négatif, de référent et de repoussoir. Indice supplémentaire, la lettre A (pour amour et pour art...) réinscrit la personne (et l'artiste) au cœur de l'œuvre et de la pratique[2].

La part de la couleur est capitale dans l'œuvre de Michel Goulet. Au début plutôt d'appoint et ponctuelle — par exemple comme indicateur de fonction dans les *Lieux interdits* —, puis générique — la couleur d'origine du métal, le revêtement antirouille, la patine rouillée —, elle apparaît avec plus d'insistance au fil des ans. À l'évidence clin d'œil à la grande tradition de la sculpture polychrome, la couleur confirme également son omniprésence dans l'environnement naturel, modifié et construit. *Tour/ tours* (1985) confronte au mur et au sol deux regroupements d'objets et de matériaux assortis : au mur, un ensemble de moulures de bois vivement colorées (piètement, plinthe, corniche...) délimite un grand rectangle vide, en somme un plan ou un tableau empreint de tous les possibles, qui ne donne à voir que son encadrement

L'USAGE DE LA COULEUR, SURTOUT SON USAGE IMMODÉRÉ, EST UNE STRATÉGIE FORMELLE, UNE ATTITUDE ESTHÉTISANTE, QUI PREND SOUVENT UN ASPECT PROVOCANT (CONTRAIRE AUX RÈGLES DU GOÛT), EXCENTRIQUE (DÉROUTE DES SENS) OU INSOLENT (REMISE EN CAUSE DES RÈGLES DE L'ART). LA COULEUR FAIT APPEL À DES CODES SOCIAUX (CAMAÏEUX DE COULEURS DOMESTIQUES) OU À DES CODES POPULAIRES DE SÉDUCTION (INVENTAIRE DU NUANCIER DE COULEURS DES GRANDES SURFACES). LA COULEUR FAIT APPARAÎTRE LA FORME,

Sans toit (sans toi), 1984

Maison Spring Road en 1987

ornementé et multicolore ; devant et au sol, un grillage de clôture, des pièces et des blocs de béton, des plaques et du treillis, un cube grillagé, bref un assortiment de matériaux industriels. Tourné, sculpté et peint, le bois rappelle la maîtrise du travail ornemental en même temps qu'il trace en relief le cadre de la représentation. Déposés près du sol, les matériaux de construction évoquent l'entreprise d'élévation et d'édification des bâtiments et les projets de mise en chantier d'un paysage inventé, réorganisé.

Modèles (1985) emprunte le motif archétype de la maison, en l'uniformisant et en le banalisant, comme c'est le cas dans certains quartiers résidentiels modernes. Ironiquement, ce qui individualise les 12 maisonnettes presque identiques façonnées en fer blanc serait plutôt la frise de corniches multicolores fixée au mur qui les soutient. À l'avant-plan, montées sur pilotis, la charpente délicate d'une maison en bois et une maison jouet en métal subtilement décorée s'imposent, résultat final d'une architecture miniaturisée. L'échelle de cette proposition n'en diminue ni l'impact ni la portée, d'autant que ce travail s'inscrit à la suite du projet monumental extérieur *Sans toit (sans toi)* réalisé à Saint-Jean-Port-Joli l'année précédente — le public était invité à venir poser les briques d'une maison en devenir, au rythme d'une par personne. (Cette notion croisée de la corvée et de la nécessité de recourir à la participation du public préoccupe l'artiste et nous y reviendrons à propos de sa récente réalisation sur le mont Royal à l'été 2004.) La symbolique de la demeure est primordiale : la maison fait référence à l'abri et à la sécurité, elle porte en elle tous les affects, elle couve les mémoires de l'enfance et elle est également révélatrice du statut de ses occupants…

Même banale, au détriment de la matière, même riche. J'ai souvent dit que mon travail était baroque parce que je le veux surprenant, audacieux jusqu'à l'incohérence. On pourrait croire cette surcharge de nature heureuse, on pourra surtout la dire faite d'incertitude, de scepticisme ou de malaise face à une quête profonde de sens. M. G.

Je ne voudrais pas que l'art soit imperméable à la vie. Je ne voudrais pas que la vie soit imperméable à l'art. Par contre, faire une œuvre d'art n'est pas rendre compte ni raconter. C'est d'abord mettre en forme une idée de manière à lui faire perdre son enveloppe anecdotique, la rendre universelle et en faire un objet autonome, quelquefois poétique. En 1983, mon père commençait à bâtir seul cette maison qu'il avait dessinée et rêvée avant de prendre sa retraite. À partir du jour de ses 65 ans, il a excavé puis bâti cette maison secondaire pendant les 15 ans qui ont suivi sans jamais l'habiter de façon permanente. Nous avions planifié de recouvrir le toit en faisant une corvée de famille — ce que nous avons fait. En 1984, après une interrogation sur la notion de domicile et sur les enjeux des possessions, je faisais *Sans toit (sans toi)* en corvée publique à Saint-Jean-Port-Joli. M. G.

Quotidiennement, je prends plaisir à découvrir ce qui divertit l'œil, ce qui compose les règles d'existence d'un tout, d'une proposition ou la charge émotive d'un simple objet. J'ai une grande curiosité — même pour des choses qu'on croit sans mérite. Pour mon travail, c'est la même chose. Puisque c'est moi qui ai le privilège d'entreprendre un dialogue avec un spectateur (un, pas le public), je ne voudrais pas l'éblouir, l'ensorceler au point où il regarde seulement hors de lui-même. Je voudrais le captiver entièrement, exercer une fascination pour qu'il cherche dans son expérience et dans sa mémoire ce qui dénouera l'énigme de l'œuvre. M. G.

Deux écoles de pensée ont façonné les débuts de ma pratique : le formalisme et l'art conceptuel. Des deux j'ai admiré la rigueur intellectuelle, mais refusé le dogmatisme. J'ai d'abord nommé mes projets artistiques des intentions (fait de se proposer d'arriver à un certain but) pour les considérer à partir de la notion de *règles d'action*, comme le suggérait Phillip Fry. Ceci allait me permettre de démarrer mes projets à partir d'un concept que je laisserais s'animer par des trouvailles, des découvertes, des

Partageant une dimension ludique avec le modélisme amusé de *Modèles*, la sculpture *Trophée* (1986) présente l'armature trafiquée d'un grand lit, savamment posée en équilibre sur un camion jouet et un empilement de pièces d'acier, et appuyée contre le mur sur un assemblage de pièces de meccano et une échelle elle-même en acier. Minutieusement bricolé, l'aspect finement graphique de la proposition est exquis. Dans un désordre organisé, on y retrouve une allusion au principe de croissance et d'élévation cher à la sculpture, une délimitation de l'espace et son ouverture exponentielle (et ascensionnelle), une subdivision des plans frontaux (la tête et le pied du lit) qui évoque des fanions et des étendards, et enfin une énumération : jouet, jeu, construction, outils (serre-joint), équipement (échelle). Au sommet de la tête de lit, une petite hache cruciforme fait songer au crucifix qui a régné pendant longtemps sur la chambre à coucher québécoise, tout comme elle tempère l'apparente insouciance de l'ensemble. Meuble emblématique d'une domesticité empreinte ou non de félicité, le lit est, entre autres, le lieu de l'amour et celui de la vie et de la mort. Il est l'un des motifs prééminents dans la production de Goulet de 1986 à 1988.

Envisagée de manière rétrospective, la logique de la succession des motifs de l'immeuble et du mobilier — la maison, le lit et maintenant la chaise — s'impose en ce qu'elle s'accorde à la notion d'inventaire et de nomenclature, mais surtout parce qu'au-delà de son caractère dénotatif et illustratif, elle permet des stratégies formelles valides et multifonctionnelles : chaque motif occupe un volume caractérisé par un vide sous-jacent d'espace intérieur. Par la concision de son propos et le raffinement de son exécution, *Table du travail* (1987) réitère précisément l'un des postulats qui régit la pratique de Goulet : la concordance de l'énoncé plastique, du positionnement spatial et de l'argument factuel. Emboîtées, imbriquées littéralement l'une dans l'autre, à la fois au repos et hors d'usage, deux chaises au fini laiton enchâssent en les enjambant deux volumes d'une encyclopédie pour autodidactes et un empilement compact de casse-tête. On pense immédiatement à l'accumulation du savoir et au véritable casse-tête qui résulte de la surcharge des données, ou encore à la difficulté et à la satisfaction d'accéder au savoir par ses propres moyens et selon son propre rythme. À proximité et en diagonale, une curieuse construction de bois et d'acier, sorte d'établi comprimé et surbaissé ou de tabouret polyvalent, rassemble sur son plateau un assortiment hétéroclite d'instruments de mesure (ruban à mesurer, rapporteur d'angles…), d'orientation (boussole, compas) et d'écriture (caractères d'imprimerie) ; des outils (pinces, clé à molette…),

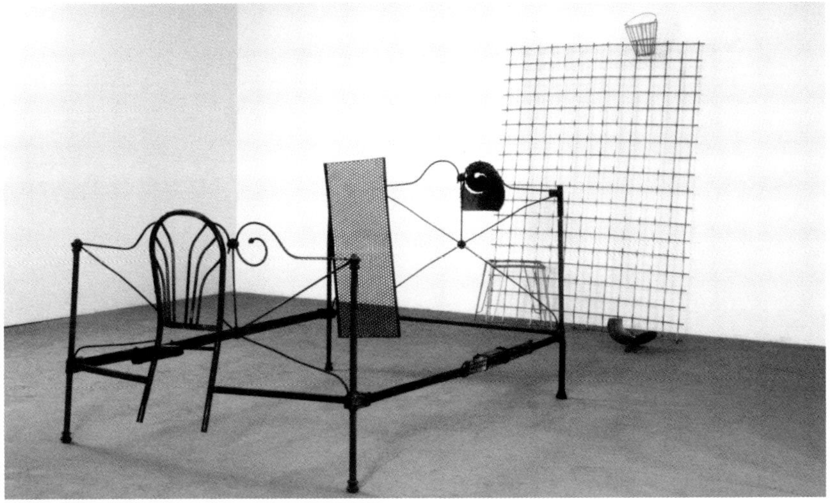

Proximités, 1988
Collection du Musée d'art contemporain de Montréal
Don de Robert-Jean Chénier

Événements, des expériences de vie. Tout prendrait position non pas comme une illustration, mais comme une démonstration où les fragments seraient considérés comme les prémisses d'une argumentation. M. G.

un jeu de dés, un revolver, une lame, des clés, du fil à coudre, une pochette d'allumettes fleurdelisée… On peut en déduire tout un programme d'activités engagées dans l'action et dans la réflexion. Semblant au départ éclectique, l'ordonnancement des diverses pièces n'est pas épars, puisqu'il s'inscrit précisément dans les découpes d'une plaque d'acier qui est posée, en point final, comme un couvercle transparent, plein de vide et de substance, sur le dessus des pieds de la chaise inversée. Ce rapprochement direct (et à l'oblique) de deux champs notionnels sciemment distancés — ici, celui de la connaissance et celui de l'organisation du travail et des pratiques — sous-tend également cet autre ensemble majeur que constitue *Assemblée* (1987).

Là, docilement alignées en rangées et séparées par une allée centrale, 24 chaises de métal ont été soumises à de multiples interventions. Toutes différenciées et rendues inutilisables en raison de l'absence ou de la transformation de leur siège, elles figurent stoïquement, sinon douloureusement (à cause des traitements qui leur ont été infligés, au chalumeau), une audience ou un public mis en attente devant une table peu commune — une table à dessin — dont les pieds sont soutenus par des livres, des outils aux couleurs primaires, un cric noir et une chaîne argentée, et qui arbore des milliers de pièces de casse-tête composant, couche par couche, les variations géopolitiques de la carte du monde. Goulet recueille ces objets manufacturés et il les manipule pour en mettre à nu les structures et en modifier les sens. Il questionne les jeux de pouvoir et la précarité de l'autorité ; il met en scène un prodigieux jeu de rôles où régnerait, souveraine, la métaphore du sourd et de l'aveugle : l'agitation et la prescription, la résistance

JE NE CULTIVE PAS L'AMBIGUÏTÉ ET NE VOUDRAIS PAS LAISSER CROIRE QUE POUR « COMPRENDRE » L'ŒUVRE, IL FAUDRAIT D'ABORD COMPRENDRE UN SECRET. SI AU PREMIER REGARD ON A L'IMPRESSION D'ÊTRE LARGUÉ, IL FAUT D'ABORD NOMMER LES ÉLÉMENTS ET CRÉER SA PROPRE RÉPONSE. L'ÉNIGME (L'ŒUVRE FAIT D'ABORD ÉNIGME) SE CACHE SOUS L'APPARENCE DES CHOSES ET MASQUE SA SIGNIFICATION DANS LA BANALITÉ DES OBJETS ET DES SITUATIONS. M. G.

LA CONSTRUCTION ET L'APPRÉHENSION DE L'OBJET ARTISTIQUE NE SONT PAS LIÉES À UNE COMPRÉHENSION LINÉAIRE. L'ADJONCTION, LA COMPARAISON, LE RAPPROCHEMENT DE DEUX ENTITÉS PERMETTENT DES COMBINAISONS QUI NE SONT PAS LIÉES À UN ORDRE HIÉRARCHIQUE OU TEMPOREL. SI J'OBSERVE DES OBJETS OU DES ENSEMBLES D'OBJETS MIS EN MA PRÉSENCE, J'AURAI D'ABORD À ME DEMANDER SI LE HASARD OU UNE INTENTION RAISONNÉE OU INTUITIVE LES A AINSI RAPPROCHÉS. PUIS, TÉMOIN DE CETTE COMBINAISON, ME FAISANT COMPLICE DE L'ÉVÉNEMENT, J'ENTAMERAI DES CHASSÉS-CROISÉS DE RÉFÉRENCES, DE SOUVENIRS, D'ÉMOTIONS ET DE RAISONNEMENTS. SI UN ARTISTE A SAVAMMENT SCÉNARISÉ CETTE RÉALITÉ COMPLEXE, IL AURA TOUT MIS EN

et l'indifférence, ne pas écouter et ne pas voir. La charge symbolique de cette assemblée imaginée ne laisse personne indifférent, parce qu'elle participe justement de l'imaginaire collectif : la salle de classe (l'éducation), d'audience (la justice), de conférence (la communication), de réunion (la vie professionnelle)...

Fabriqués de manière et en quantité industrielles, les objets de consommation courante traduisent la nature des idéologies qui régissent la société contemporaine. Les extraire de leur contexte équivaut parfois à les soumettre à l'action d'un révélateur. Les armes à feu qui apparaissent dans l'œuvre de Michel Goulet amplifient et orientent, de par leur force d'attraction souvent sensationnelle, la portée sociale et politique de l'argument. Dans *Faction / factice* (1987), 10 fusils de chasse (désarmés) alignés au garde-à-vous maintiennent au mur autant de livres et d'objets divers qui répondent, un à un, à d'autres objets posés au sol en guise de butée ou de contrepoids aux crosses des fusils. Par voies d'exclusion mutuelle ou d'acceptation tolérante, il y est question de survie élémentaire par le biais de la connaissance tout comme au moyen de la chasse (pour la nourriture) et de l'autodéfense. De même que se déploient formellement, avec rigueur, la ligne horizontale et les vecteurs verticaux, des tensions s'établissent entre, d'une part, la fragilité, la délicatesse, la nature ou les usages pratiques des différents objets et, d'autre part, l'inéluctable impression de force, voire de violence, que véhiculent les armes.

Michel Goulet associe à dessein les contraires et les opposés. Maîtrisant la subtilité des contenus, il manie l'art de la dichotomie avec une aisance poétique exempte de facilité. Il établit des *Rapprochements inattendus* (1988) où sont mis en présence des objets auxquels il nous a patiemment habitués (duo de chaises entrelacées, outils, dessus de table recouvert de cuivre...) et de nouveaux éléments (l'esquisse d'une robe métallique suspendue à un cintre). Absente et présente à la fois, accueillie et mise à distance, la personne en silhouette fait partie d'une œuvre qui comporte des références explicites à la pratique artistique et implicites à la vie qui s'écoule. Délaissant la composition en diptyque qu'il s'est appliqué à renouveler, l'artiste propose dans ses *Leçons d'époque* (1990) une mise au catalogue éclatée de ce qui affecte le milieu de vie. Quatre assemblages thématiques se dressent à la verticale : une grande pièce de bois (une tranche de bois) laissée au naturel — rare occurrence — montée sur roulettes et appuyée au mur ; un étagement de quatre poubelles en métal neuves transpercées, pour les soutenir, d'un fusil (l'agression), d'un parapluie (la protection), d'une balle de baseball (le jeu), d'une scie mécanique (le

ŒUVRE POUR CANALISER MON EXPÉRIENCE ET LA FAIRE VIBRER EN SYNCHRONIE AVEC L'ŒUVRE, L'EXPÉRIENCE SENSIBLE PERSONNELLE ET LE CONTEXTE. SI UN ASSEMBLAGE EST NÉ DU HASARD OU DE LA NATURE, ON POURRA Y LIRE UN ORDRE OU DES IMAGES COMME ON LIT L'AVENIR DANS LES FEUILLES DE THÉ. M. G.

travail)… ; une étagère en métal où sont rangés l'un sous l'autre, dans divers contenants, des lettres d'imprimerie, des ustensiles, des vis et attaches, et des matériaux divers : fil de fer, zinc… ; et une urne monumentale orangée supportant, entre autres, une équerre et des billets de banque américains. Ce quatuor hybride livre en rafale et en fragments, aux limites d'un carré, des impressions sur le sort réservé à la nature dans le monde industrialisé, sur les excès et le gaspillage de la société de consommation, sur les matériaux de la sculpture, sur la classification et la conservation des nouveaux objets ethnographiques (de la société contemporaine), sur la mesure et sur la démesure…

Sculpteur avant tout, Goulet explore et expose plutôt qu'il ne proclame ou ne dénonce. Menant une longue quête qui peut parfois aboutir à une impasse, mais certes pas au renoncement (*Points de vue sur l'impasse,* 1991), il cherche parmi les matières, les matériaux et les objets existants ce qui le mènerait à créer de nouveaux espaces. Il sait aussi fabriquer ou faire manufacturer de toutes pièces les ready-made qui lui ménagent des avenues nouvelles. Dans *États des directions* (1990), il quadrille le sol d'un damier de 16 éléments : huit T-shirts noirs pressés, aplatis et rivetés sur de petites plates-formes à roulettes que l'on peut tirer par une chaînette, et huit boîtes noires, fixes, contenant des objets utilitaires neufs — rallonge électrique jaune, roues rouges, clous… Les éléments mobiles portent en leur centre une forme métallique cylindrique qui a subi une torsion lui conférant des airs de sculpture abstraite. Échiquier de l'esprit et inventaire d'objets fabriqués et non utilisés — dont la perte de sens accentue la dimension plastique —, cet ensemble sculptural s'accommode de scénarios divers où l'individu est sollicité par les développements artistiques et les gestes et exigences de l'existence. *La Chute des corps* (1994) reporte au mur la configuration du carré formé également de 16 éléments : des roues dentées d'engrenages aux allures menaçantes de lames de scie circulaire. Au centre de chacune d'elles, des éléments incongrus, chargés de sens — un robinet, une sonnette, une montre-bracelet… — semblent les retenir au mur et insuffler à ces disques ready-made à la Duchamp un mouvement rotatif perpétuel défiant les lois de la gravité.

Formalisant dans ses configurations le volume, l'espace, plutôt que la densité de la masse, Goulet privilégie donc les plans, les axes linéaires et la découpe franche et incisive. Allusion à l'œuvre de Richard Serra et mise en avant de la notion d'absurdité, *Rencontres opportunes* (1996) pourrait se lire comme une ode à l'âge d'or de la sculpture (et par extension au travail du sculpteur), avec ce que cela suppose de

JE CONSTRUIS MES SCULPTURES-INSTALLATIONS COMME MONTAIGNE CONSTRUIT UN ESSAI : « IL NE PRÉTEND JAMAIS LE PROPOSER COMME UNE VÉRITÉ ASSURÉE, MAIS SEULEMENT COMME UN TÉMOIGNAGE SUBJECTIF, UNE OPINION PERSONNELLE […] LA MESURE DE SA PENSÉE. » J'AI UN TEL BESOIN DE CONNAÎTRE — MAIS JAMAIS LA PRÉTENTION DE RÉELLEMENT SAVOIR. IL Y A TELLEMENT DE CHOSES QUI SE PRÉSENTENT À MON ESPRIT, TELLEMENT DE RAISONNEMENTS PROVOQUÉS PAR LES ÉVÉNEMENTS QUOTIDIENS, TELLEMENT DE RAPPROCHEMENTS POÉTIQUES QUI SE BOUSCULENT QUE JE NE SAURAIS GARANTIR L'UNITÉ DE MON TRAVAIL. JE NE PEUX QU'AFFIRMER MON ENGAGEMENT FACE À LA PRATIQUE DANS UNE TENTATIVE DE TÉMOIGNER DE L'ESPRIT CURIEUX QUI M'ANIME. JE M'INQUIÈTE QUELQUEFOIS DE NE POUVOIR RÉPONDRE À L'IMAGE QU'ON SE FAIT DE L'ARTISTE : UNE SEULE GRANDE OBSESSION, UNE MANIÈRE DE RECONNAÎTRE SANS ERREUR LA FORME DE L'ÉCRITURE, CE QUE L'ON NOMME LA SIGNATURE, LE STYLE. J'OSE CROIRE QUE, QUAND VIENDRA L'HEURE DES BILANS, ON SAURA RECONNAÎTRE DANS MON ITINÉRANCE ARTISTIQUE QUE JE ME SUIS QUESTIONNÉ NON PAS PARCE QUE J'AVAIS LA CERTITUDE DE

TROUVER LES RÉPONSES, MAIS PARCE QUE JE NE CRAIGNAIS PAS DE FAIRE DES ERREURS. ON TROUVERA À LA FIN UN PORTRAIT DE SOCIÉTÉ ET UN PORTRAIT D'INDIVIDU, MAIS PAS DE DOGME, PAS D'OBSESSION UNIQUE, PAS DE SOLUTION PRÉVISIBLE, PAS D'IMAGE DE MARQUE. QUELQUES SCHÉMAS JAMAIS RÉSOLUS DÉFINITIVEMENT REFERONT SURFACE ICI ET LÀ ET TOUJOURS ON LAISSERA L'ŒUVRE AVEC UN SOURIRE AU COIN DES LÈVRES. M. G.

tentatives de déjouer la gravité terrestre, de gestes et de manipulations millénaires, tout comme elle implique une reconnaissance des mérites de la technologie moderne et de la transformation subséquente de l'acte de sculpter, ce que réaffirme la proposition intimiste *Les Pièges de l'esprit* (1996) où se joue de manière fictive un impossible corps à corps entre le plaisir intellectuel et les contingences de la vie quotidienne. Le tout se révèle au travers d'objets connotés, trafiqués, non fonctionnels — la table, la nappe, la chaise, le tabouret, la brouette... — fabriqués en métal, investis d'une patine assombrie, austère, d'où la polychromie réaliste des accessoires du quotidien a disparu, mais se retrouve ponctuée çà et là de matière plus précieuse (laiton). Dans *Le Mur de verre* (1997), une échelle en acier, dont les sept échelons diffèrent, rejoint et retient au mur une tablette où sont déposés six petits blocs, chacun d'eux étant ouvert différemment. D'aspect laconique, la métaphore évoque, plus qu'elle n'illustre, l'inaccessible à travers cette partition transparente et réflexive qu'est la création.

Présence discrètement récurrente dans l'œuvre, le vêtement se manifeste à quatre reprises dans *Mouvements et motions* (1998). La silhouette d'ensemble, dessinée d'un trait rapide et efficace, et la trame textile, suggérée de manière sommaire et fantaisiste, empruntent au contraste obligé de la rigidité et de la flexibilité de la bande métallique. Suspendues à des cintres qui sont eux-mêmes fixés à des crochets singularisés par des objets miroirs ou révélateurs, ces enveloppes schématiques de l'être sont confrontées à un relief mural circulaire, à des faisceaux linéaires et à une construction de petits blocs rouges (mini briques), le tout envisagé suivant une perspective frontale dont l'allure générale ressemblerait à un extrait de bande dessinée philosophique, ce que ne dément pas le texte cartésien du phylactère : « Je pense donc je suis. »

Michel Goulet a toujours mené, en parallèle, une pratique originale du dessin, mû par une propension à diversifier et à faire éclater les cadres de son travail. Des sobres et incisives propositions de la fin des années 1970 — où le geste dessine hâtivement les plans et leur rencontre au sein de l'espace — aux traits unifiés, colorés et sans repentirs de l'exemplaire *La Table et le tableau* de 1988 ; des boîtes et assemblages complexes des années 1990 — tour à tour propices au collage, à l'accumulation, à la soustraction et à la mise en exergue plastique et textuelle — aux travaux numériques actuels, ces interventions polymorphes de type graphique circonscrivent leur propos en empruntant des modes et des angles différents.

L'artiste a récemment répertorié et reproduit, à petite échelle, les drapeaux des pays et des États formant le contexte géopolitique actuel. Relevé exhaustif et systématique, à la manière d'un tableau didactique, *Vivre sous plusieurs bannières* (2002) incorpore au contenu d'emblée vérifiable d'autres « états », d'esprit et d'émotions ceux-là — égoïsme, ennui, amour, arrogance, infidélité… — dont les étendards sont inventés de toutes pièces, ce qui souligne le potentiel de la dimension référentielle, inhérente au vaste projet de nomenclature et d'inventaire qui traverse toute la pratique. Dans *Jardiniers et jardins du monde* (2003), Goulet s'attaque à un contenu linguistique qu'il magnifie : il relève et énumère tous les prénoms figurant dans les langues qui font usage de l'alphabet latin. Des dizaines et des dizaines de milliers de prénoms surgissent, occupant cette fois quatre très grandes feuilles de papier. Les caractères opposent leur lisibilité à celle d'une écriture plastique, inventée, déclinée à même les motifs et les symboles qui ont été attribués à chaque lettre latine. Ces idéogrammes sont juxtaposés à chacun des prénoms et la composition binaire de l'ensemble concerte une calligraphie mixte et mystérieuse qui exerce sur le regardeur (le lecteur) un pouvoir d'attraction irrésistible. Pour ces travaux, l'artiste a recours aux possibilités multiples de l'informatique : moteurs de recherche, logiciels de création graphique, techniques d'impression numérique… Y démontrant l'adéquation des contenus et des moyens, il y inscrit également l'expérience individuelle au sein de contextes globaux sensibles à l'autre et à la différence.

Comble de l'hybride et de l'hétéroclite, *Circus* (2002–2003) met en scène un déroulement circulaire et ininterrompu de 60 moments visuels construits, saynètes imaginaires où l'objet n'a de sens que dans l'immédiat grâce au jeu des rapprochements astucieux et des associations fortuites. Cet éloge polysémique du banal et de l'absurde procède toutefois de rapports et de références propres à une démarche mûre et assidue d'où s'échapperaient à doses contrôlées les effets d'une poésie du rien et ceux de la maîtrise totale de l'espace. Chaque numéro sculptural acquiert la prestance d'un morceau de bravoure ; l'enchaînement proposé délimite un formidable tour de piste, suivant les indices empruntés aux objets favoris, tout autour d'un espace d'une vacuité délibérée et vertigineuse procurant des instants privilégiés de calme et de répit au milieu des fragments décousus du chaos quotidien.

Fidèle à la structure bipartite, Goulet, dans *Positions perplexes* (2004), se réapproprie l'espace mural en l'investissant de deux grilles métalliques : la première, formée à la négative par des vrilles vissées

J'AI LONGTEMPS FRÉQUENTÉ LES LIEUX OÙ ON LAISSE COMME INUTILES DES FRAGMENTS-OBJETS, DES OBJETS-TRACES DE NOTRE CIVILISATION : LES COURS DE FERRAILLE, LES BROCANTES, LES VENTES DE GARAGE, LES DÉBARRAS. JE ME SUIS PERDU DANS LES DICTIONNAIRES ET LES ENCYCLOPÉDIES, CHERCHANT TOUT ET RIEN. IL Y A QUELQUES ANNÉES SEULEMENT, J'AI DÉCOUVERT, LONGTEMPS APRÈS PRESQUE TOUT LE MONDE, L'ORDINATEUR ET SES OUTILS LOGICIELS MAGIQUES ET FASCINANTS, ET INTERNET. PAS LES OUTILS CRÉÉS POUR LES ARTISTES ET LES GRAPHISTES. NON, MAIS TOUS LES AUTRES QUE JE M'INGÉNIE À DÉTOURNER DE LEURS FONCTIONS PREMIÈRES : ENCORE PLUS DE MOTS, D'IMAGES ET D'IDÉES GLANÉS DANS CES INVENTAIRES. M. G.

à même le mur qui semble laisser surgir leurs pointes acérées ; la seconde, à la fois ondoyante et orthogonale, constituée d'un entrelacs de tiges qui donne une idée de damier fluide à claire-voie posé en appui sur une pelle et un pied de bois tourné et sculpté. De petites interventions bricolées et peintes, en métal, viennent fixer tous les points d'intersection de cette dernière. Ajoutés à la panoplie de petites fabrications colorées, quatre objets reconnaissables — une cuiller contenant une boule jaune, un dard planté dans des feuilles en soie, un aimant rouge suspendu à une chaînette, de la laine bleu mauve — réinstaurent, en sourdine, de subtils rapports au réel. Dédoublées, légèrement décalées, ces grilles dépendent l'une de l'autre — la seconde s'appuyant sur le mur criblé des éléments de la première — autant qu'elles tendent à se séparer. De l'exposé plastique factuel, synthèse abrégée de la pratique marquée par la clarté de la structure et la luxuriance des motifs, à la dé-position de l'ensemble, soustrait à sa situation initiale précaire, voire menaçante, cette œuvre nouvelle et inédite, à double tranchant, s'avère saisissante.

Pour l'exposition *Part de vie, part de jeu,* Michel Goulet a réalisé également une seconde sculpture, majeure : *Eden-Garden-End* (2004). Forêt paradoxale de faisceaux d'aspect ligneux en acier, cet éden fait figure de lieu boisé, schématisé et primitif, où des tiges filiformes, arrimées au sol par des réseaux de racines, se déploient, à leur sommet, en une délicate arborescence où pointent çà et là de minuscules agrégats de pâte à modeler bleue portant l'empreinte de leur concepteur. Ce jardin primordial, où l'arbre de la connaissance apparaît s'être multiplié, conserve en son centre un espace visible, mais inaccessible. De plus, des cordons protecteurs, du type même de ceux que l'on retrouve dans les musées, sécurisent le périmètre de ce nouvel éden, désarmant et éloquent dans sa simplicité, qui actualise en somme, et selon des termes consommés et éprouvés, ce qui tient du désir originel.

Singulière et convaincante, la trajectoire de Michel Goulet s'inscrit avec pertinence au sein des grands courants de la sculpture contemporaine. D'une part, sa compréhension immédiate des enjeux de la sculpture minimaliste sous-tend son examen rigoureux des interstices et des irrégularités de la forme et du volume fini ; d'autre part, les transformations du rapport à l'objet mises de l'avant par l'art conceptuel informent sa propre reconnaissance des potentialités de l'objet. Menée en synchronie avec le renouveau de la sculpture, sa pratique prévaut isolément, elle s'impose sur la scène artistique québécoise et canadienne et elle s'avère au diapason des préoccupations de l'art international. Consistante et finement protéiforme,

ON NE NAÎT PAS ARTISTE, ON LE DEVIENT. UN JOUR ON S'ATTACHE LE LOURD POIDS DE L'ART AU PIED ET ON SE JETTE À L'EAU POUR DÉCOUVRIR. ON PEUT ALORS SE FÉLICITER DE RETENIR SON SOUFFLE LE PLUS LONGTEMPS POSSIBLE. ON PEUT AUSSI APPRENDRE À NAGER ET À RESPIRER SOUS L'EAU. LA TERRE ET L'AIR SONT LE PAYS DES SOUVENIRS, DES RÊVES, MAIS ON NE POURRA PAS Y RETOURNER. C'EST UN ENGAGEMENT IRRÉVERSIBLE. M. G.

Complément axial, 1980

Lieux communs, 1990

l'œuvre de Michel Goulet comporte des ramifications qui s'étendent non seulement au dessin et au « graphique », mais également à l'art public et à l'art de la scène.

En effet, lorsqu'il réalise, en 1980, *Complément axial* au Symposium de sculpture de Chicoutimi, Michel Goulet s'engage sur l'un des axes majeurs de sa production, celui de l'art public : il lui est possible de mettre l'œuvre en contexte, parfois même en direct, et d'amorcer le dialogue qu'il entend mener avec le public. Reconnu surtout pour ses *Leçons singulières* installées sur la place Roy à Montréal en 1990 et pour les *Lieux communs* exposés au cours de la même année à New York, à l'entrée de Central Park, sur la Doris C. Freedman Plaza, à l'invitation du Public Art Fund, Michel Goulet a réalisé en juin dernier, sur le mont Royal, dans le cadre de la manifestation *Artefact* (2004), une installation ponctuelle imposante où le public a été invité à attacher des milliers de rubans multicolores à une clôture se prolongeant sur un kilomètre. La finition du *Beau Côté / The Sunny Side* (2004) (tout comme l'opération de son démontage à l'automne) fait appel à la participation individuelle du spectateur ; elle permet le renouvellement d'une activité élémentaire — attacher et nouer — en même temps qu'elle facilite, l'espace de quelques instants, la réitération du geste ordinaire dans sa beauté et l'appréhension de son potentiel artistique, et ce, dans un contexte naturel et urbain exceptionnel. Goulet a également réalisé plusieurs sculptures permanentes, parmi lesquelles *Les Moments magiques* (1995), installée à côté de l'Hôpital Royal Victoria et qui, selon ses mots, « est une sorte d'allégorie à multiples facettes de la quête de l'idéal et convie à la recherche du bonheur et de la liberté[3]. »

Par ailleurs, depuis plus de dix ans, Michel Goulet œuvre dans le milieu du théâtre où il a conçu des scénographies remarquables, notamment en collaboration avec Denis Marleau et le Théâtre UBU. Ce qu'il apporte de particulier à cette pratique spécifique découle avant tout de sa curiosité et de son avidité pour les textes essentiels, et aussi de la qualité unique du regard qu'il porte sur l'espace théâtral comme catalyseur d'émotions et de connaissances. Les objets, les constructions et les plateaux qu'il y concerte participent à l'évidence de son langage sculptural, le mobilisent et le prolongent dans la recherche de nouvelles expressions visuelles, dans le recours à de nouvelles techniques et de nouveaux médias et dans l'exploration des métamorphoses engendrées par la « magie » de la scène.

Bien qu'elle fasse abondamment et brillamment image, la sculpture de Michel Goulet se définit dans l'expression de la personne plutôt que dans l'illustration de l'objet. Édifiant méthodiquement le repositionnement critique d'éléments du passé, lointain ou récent, re-passés au crible du quotidien, l'œuvre repose sur le composite convenu de dualités sensibles : la mise en valeur du savoir-faire artisanal et le respect de la chaîne de montage, la patience industrieuse et la fulgurance de l'argument, l'admission du ludisme et la dimension de menace et de danger, l'ordre et le désordre, le statisme des objets et la mouvance de l'œuvre (mouvement de l'œil et déplacement du corps), l'échelle humaine et l'universalité du propos, le plein d'objets et le vide primordial. Au fil des ans, Michel Goulet nous a révélé des parcelles de sens et des espaces d'expérience qui appartiennent à la face cachée des choses.

1 Propos de l'artiste cités par Lise Lamarche dans le texte « Petit traité nostalgique à l'usage de l'amateur », in *Michel Goulet / Lise Lamarche*, Musée d'art contemporain, Montréal / Éditeur officiel du Québec, 1980, p. 30.

2 Trevor Gould, « Building Sculpture—Michel Goulet », *Vanguard*, Feb. / March 1986, p. 29. « In a folded envelope of copper, Goulet inserted the letter "A". In this context, the reference is to love (amour) and art. The love of art, the art of love. Either way the reference is a personal one, passion best exemplified by desire. If indeed the work examines the appearances of objects, it does so through an analysis of process: the pleasure of "doing". »

3 Propos de l'artiste cités dans « Michel Goulet ou l'art d'habiter l'espace public », in *L'UQAM branché...*, n° 15, 7 avril 1997.

Lieu interdit IX, 1978

Édification horizontale II, 1978

Sans titre, 1976

Sans titre, 1976

Sans titre, 1978

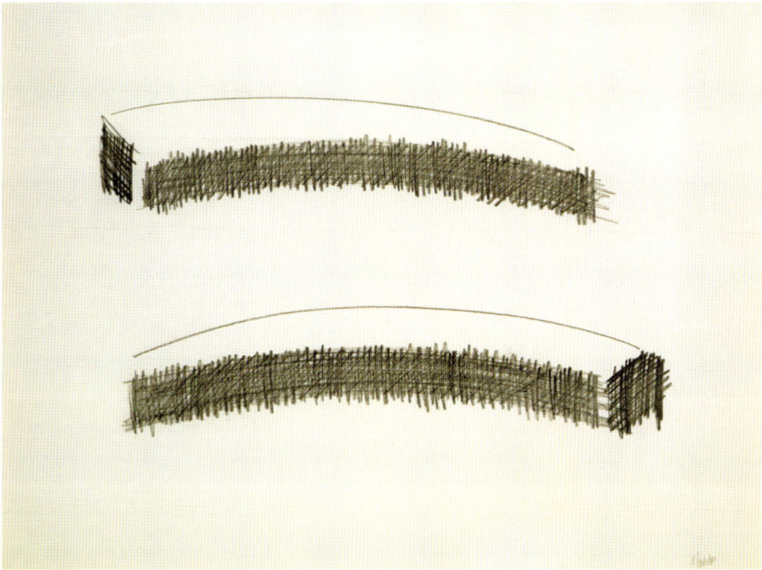

Sans titre, 1980

CONTOUR, 1981

MODÈLES, 1985

TROPHÉE, 1986

Assemblée, 1987

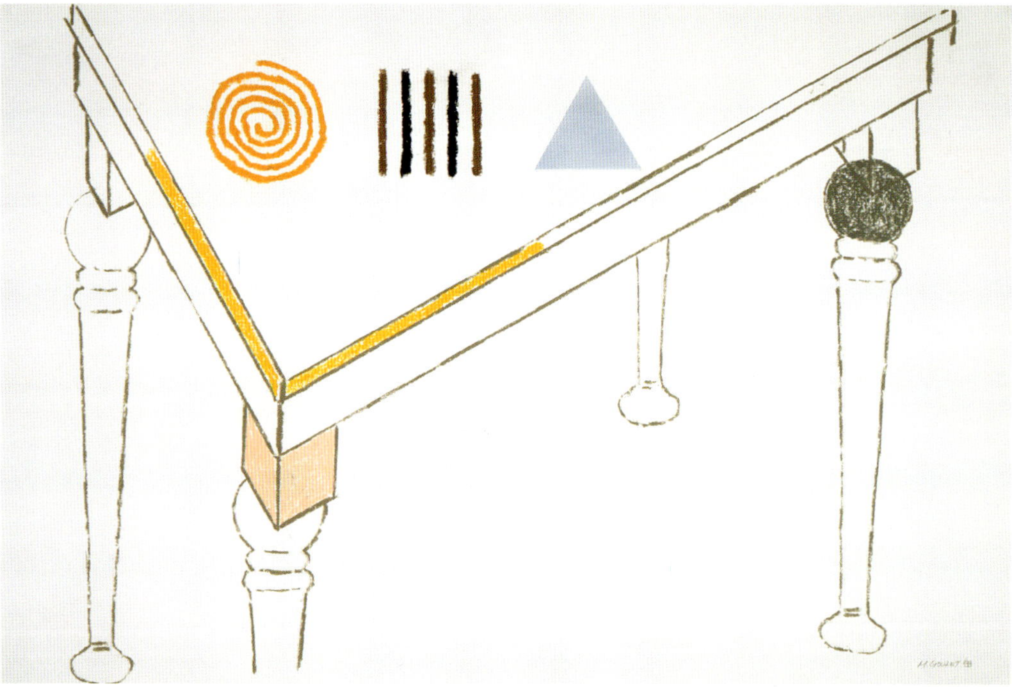

Les Rapprochements inatendus, 1988

ÉTATS DES DIRECTIONS, 1990

Mémoires mensongères, 1989

Points de vue sur l'impasse, 1991

Compelling Box – Time Life, 1990

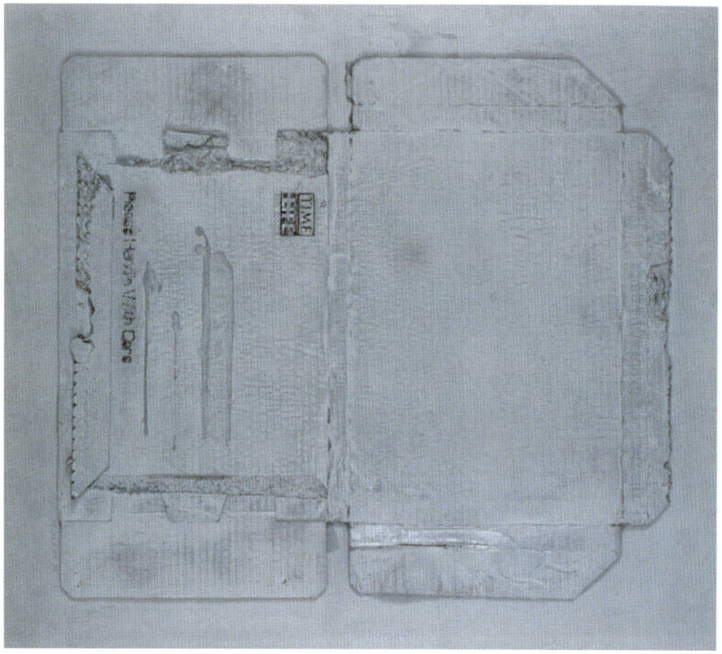

Compelling Box – Harmony, 1990

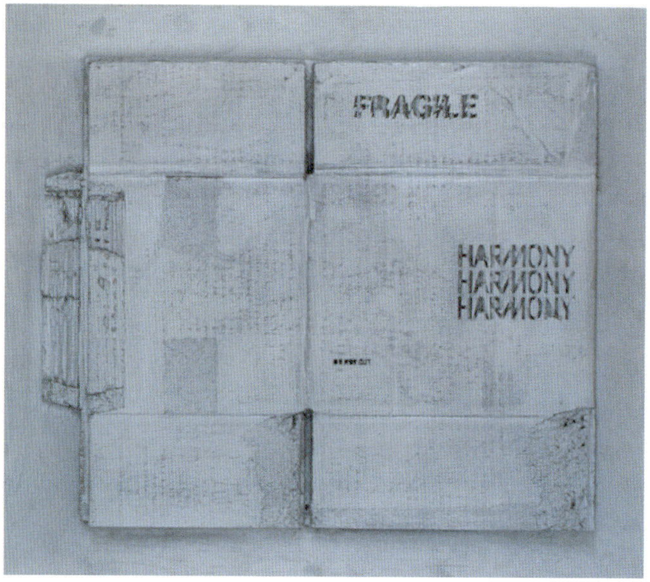

Boîte angle, 1991

Boîte cible, 1991

Les Ubs, 1991

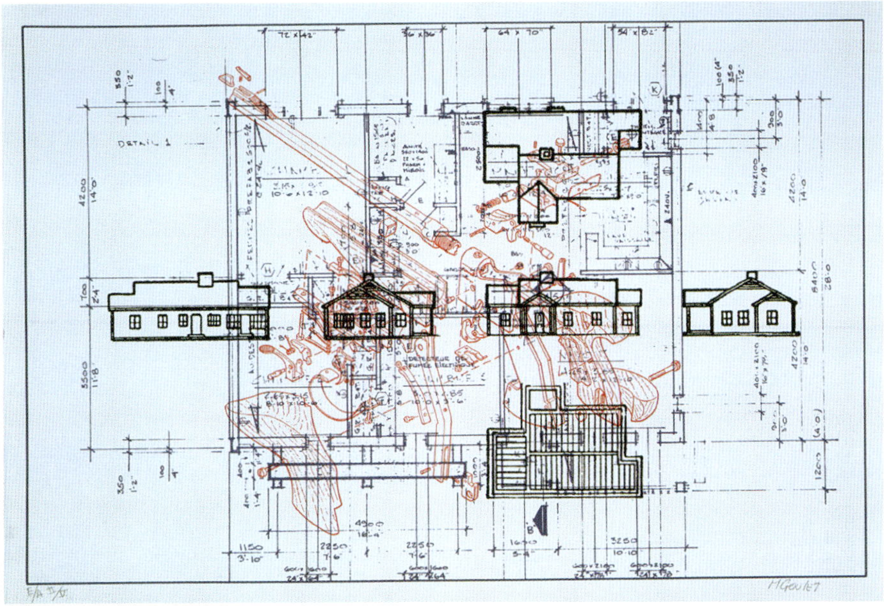

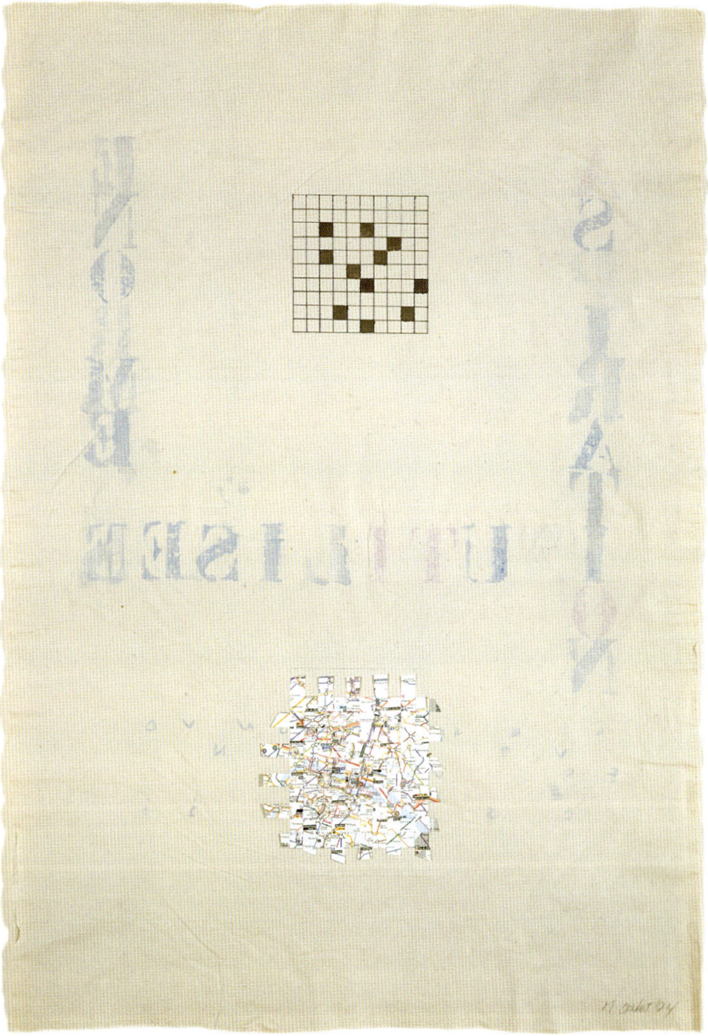

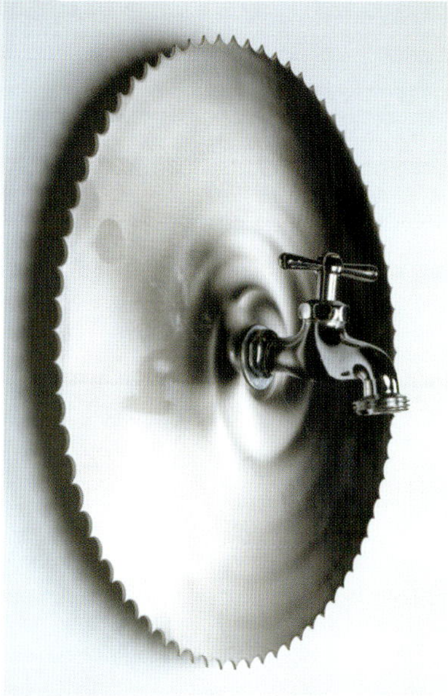

Rencontres opportunes, 1996

ABCDEFGHIJKLMNOPQRSTUVWXYZ

Le Mur de verre, 1997

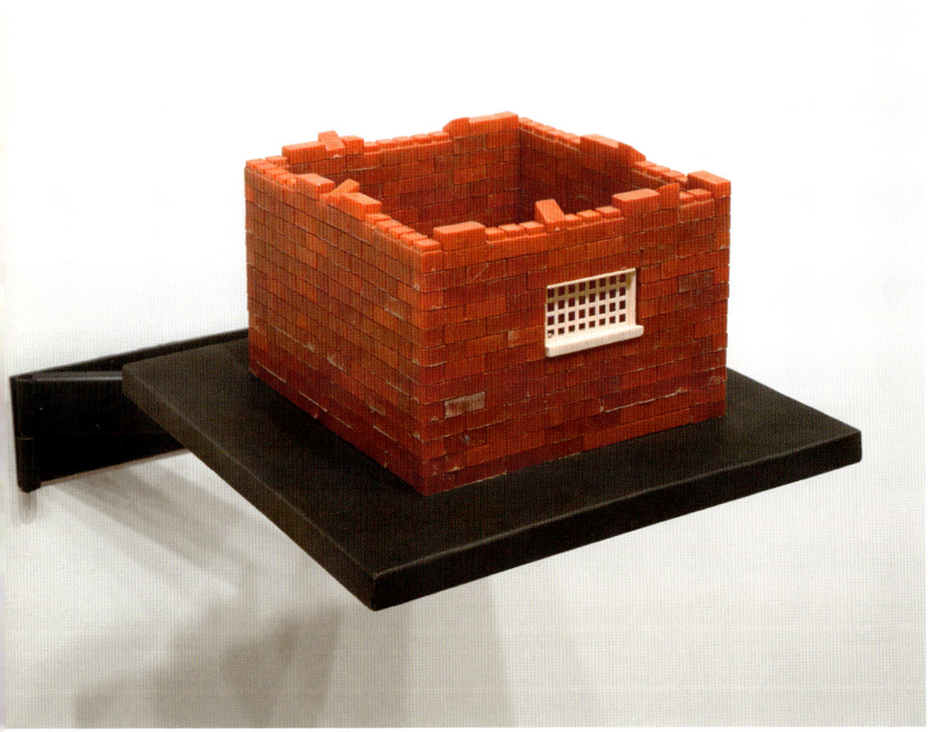

Mouvements et motions, 1998

VIVRE SOUS PLUSIEURS BANNIÈRES (DÉTAIL)

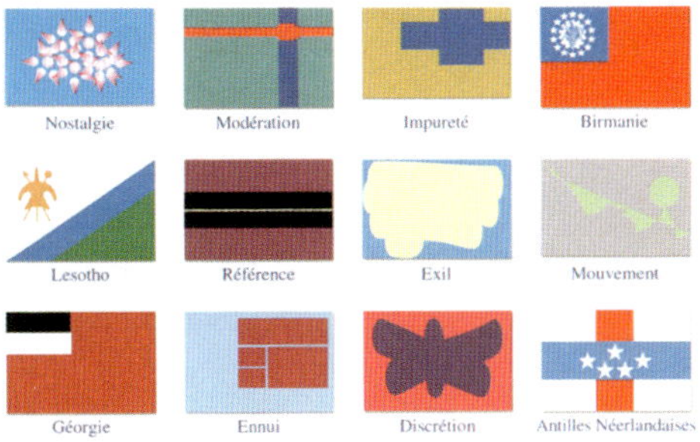

LIVING UNDER MANY BANNERS (DÉTAIL)

Harmodias
Hart
Haruko
Harum
Hatice
Haymo
Hayo
Hectorine
Heide
Heimo
Heimon
Heiny
Heinz

Eden-Garden-End, 2004

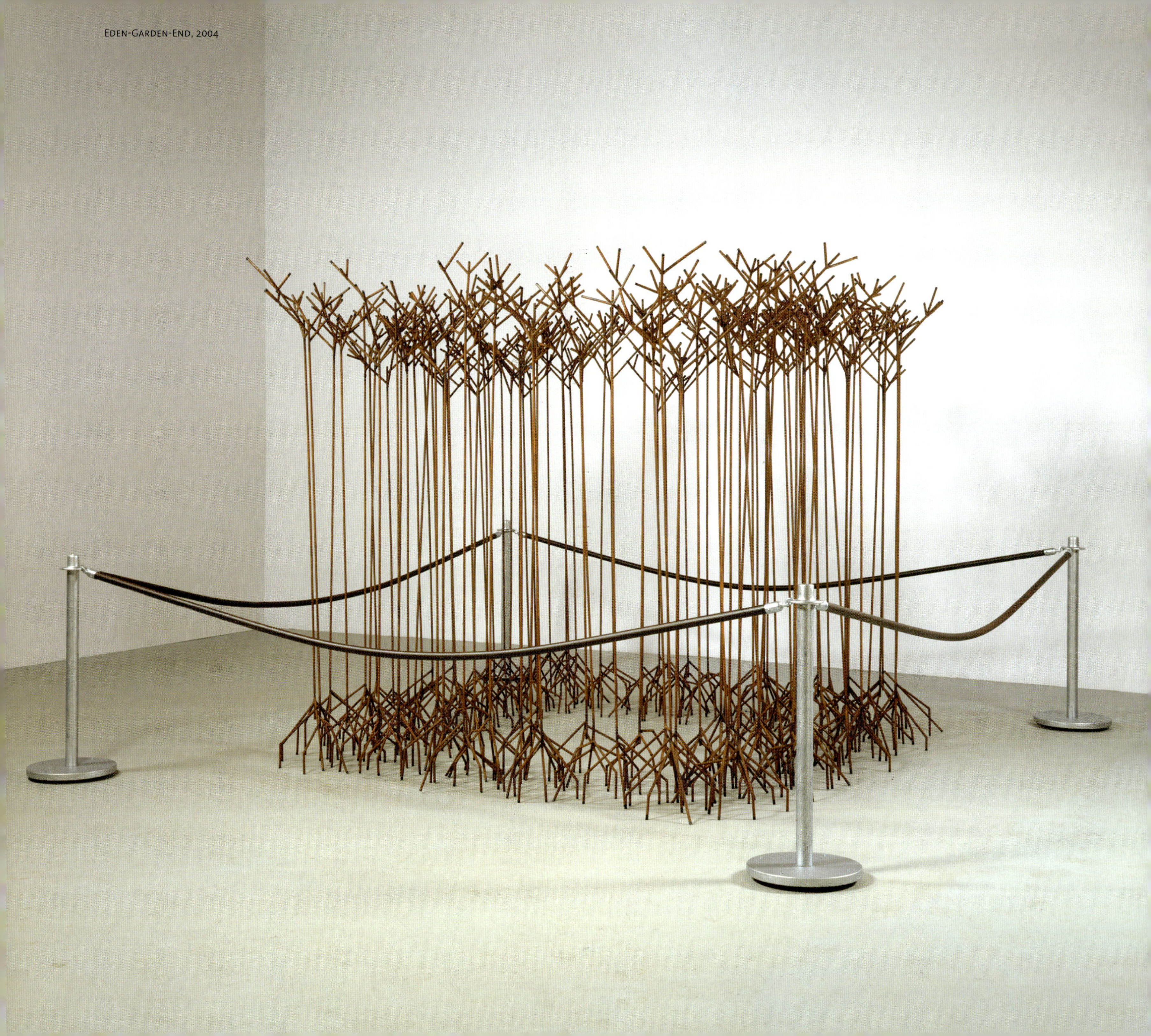

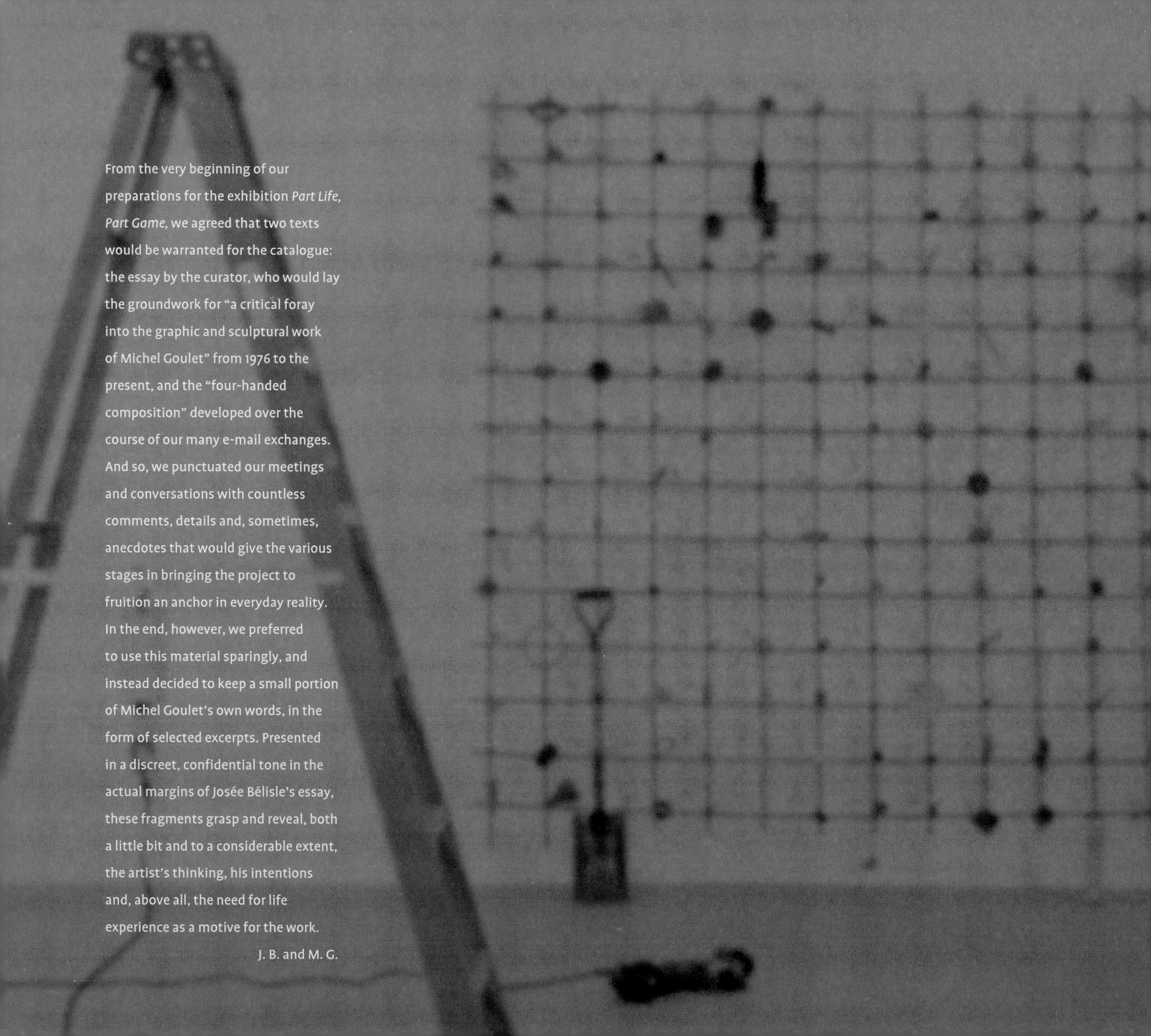

From the very beginning of our preparations for the exhibition *Part Life, Part Game,* we agreed that two texts would be warranted for the catalogue: the essay by the curator, who would lay the groundwork for "a critical foray into the graphic and sculptural work of Michel Goulet" from 1976 to the present, and the "four-handed composition" developed over the course of our many e-mail exchanges. And so, we punctuated our meetings and conversations with countless comments, details and, sometimes, anecdotes that would give the various stages in bringing the project to fruition an anchor in everyday reality. In the end, however, we preferred to use this material sparingly, and instead decided to keep a small portion of Michel Goulet's own words, in the form of selected excerpts. Presented in a discreet, confidential tone in the actual margins of Josée Bélisle's essay, these fragments grasp and reveal, both a little bit and to a considerable extent, the artist's thinking, his intentions and, above all, the need for life experience as a motive for the work.

J. B. and M. G.

Variations on Space, the Object and Experience, or the Merits of a Dialectic of Paradox

Josée Bélisle

Fortunate indeed is the observer who indulges in a close, well-considered examination of the work of Michel Goulet over the last thirty years. He or she will be gradually led into territories that are often already known, sometimes recognized, and occasionally unknown. The notion of series or cycle, which appears very early on in Goulet's work, suggests rather than induces the idea of variations, which in turn are prone to rupture and renewal, nuance and brilliance. Through a selective yet methodically annotated journey, a sculptural project is unveiled that is focused entirely on the object: the actual object dealt with in the artist's practice, considered in its original state—matter, volume and space—and the recognizable object, chosen rather than found, full of purposely contradictory content. Goulet immediately reveals the main characteristics of the object, but is similarly able to fill it with contrary, possibly paradoxical, meanings. With its structure and function laid bare in this way, the object becomes the screen onto which are projected, one after the other, new senses, particular schemes of understanding, and specific configurations in space and time. In his ingenious constructions and unusual assemblages, the artist manages to at once suggest and confuse possible paths and signs. But first and foremost, he offers a complete expression of the essential: the search for meaning through experience.

What might seem never-ending in our relationship with the work, as spectator or creator, is the contemplative state—in other words, the gaze that seems able to keep us permanently absorbed, enliven us without possible exhaustion, sustain us

TIRELESSLY. LIKE EVERYONE ELSE, I THINK, I CAN BE TAKEN IN BY THE ULTIMATE BEAUTY OF AN ORDER, A REPRESENTATION, BUT IN GENERAL, WHEN I LOOK, I OBSERVE. I TAKE APART THE ELEMENTS OF THE (RE)PRESENTATION OR OF A NATURAL OR MADE OBJECT, PIECE BY PIECE, I ANALYZE THE SYSTEMS, LOCATE THE ARTFULNESS OF THE CONSTRUCTS, DISCOVER THE COMBINATIONS, ALLOW MYSELF TO BE DRAWN IN. I BECOME IMPLICATED IN THE STRUCTURE AND APPEARANCES. I DON'T TRY TO DISTANCE MYSELF FROM THE ORDINARINESS OF THE EVERYDAY BY LOSING MYSELF IN THE SUBLIME. IF I FIND THINGS IN LIFE OR DAILY REALITY DISAPPOINTING, I DON'T FEEL AN IMMEDIATE NEED TO DWELL ON THEM. PULLING AWAY THE MASK FROM AN ACTION OR AN ORDINARY OBJECT IMMEDIATELY CALLS UPON MY CONSCIOUSNESS, MY MEMORY AND MY EXPERIENCE. M. G.

In the exhibition *Part Life, Part Game,* some of Michel Goulet's fundamental concerns are brought to the fore. Beyond the sense of play usually associated with the bringing together of objects from everyday life, we must instead consider the issues involved in sculptural practice by concentrating on formal and spatial strategies, processes used, interplays of balance between the components—and their connections to the floor and the wall—and notions of horizontality, verticality and frontality. Goulet proceeds by means of inventory and enumeration; he manages allusions to the cultural, social and political context, and emphasizes, both in the relations of scale and in his motifs—table, bed, chair, box, house—the precedence of the body and the conditions of existence.

Without predetermining the mode of reception of his works nor directing a reading of them in any definitive way, Goulet nevertheless offers spectators, through the wording of his titles, keys facilitating an apprehension of his visual discourse and the establishment of a free dialogue between forms and beings. From the literal—*Édification horizontale* (1978), *De la limite* (1980), *Contour* (1981)—to the literary—*Effets secrets* (1985), *Les Rapprochements inattendus* (1988), *Les Leçons d'époque* (1990)—from description—*Complément axial* (1980), *Horizon et perspectives fuyantes* (1990), *Un signe de la main* (1996)—to metaphor—*Trophée* (1986), *Assemblée* (1987), *Porter le mur comme un masque* (2000) —from alliteration—*Mur / mur* (1981), *Rives et dérives* (1992), *Sans toit (sans toi)* (1984)—to the contrasting of opposites—*Couvert / ouvert* (1985), *Faire et faire faux* (1996), *Mémoires mensongères* (1989)—and textual reinforcement—*Exil / exode* (1992), *Posture / imposture* (1988), *Faction / factice* (1987)—these verbal shortcuts paraphrase that which relates to the non-verbal and, tracing the methods of conceiving and producing the object, they point, to varying degrees, to the tangible (visible) results of multiple operations. Admitted reflections of being part of North American society, the English titles, whether original—*Games* (1988), *Lead Bread* (1988), *R.E.A.C.H.* (1995)—or translated literally—*Make and Fake (Faire et faire faux,* 1996)—or freely—*Mind Mines* (*Les Pièges de l'esprit,* 1996), *Gravity Round* (*La Chute des corps,* 1994), *Eden-Garden-End,* 2004—paradoxically reiterate the initial intention of communicating through matter and things beyond words. The exactness, richness and polysemy of the language and vocabulary are the deliberate result of an unrelenting formal logic that is nonetheless sensitive to the complexities of intuition and the merits of rationality.

In 1976, Michel Goulet started determining how and where his sculpture would define space using the concept of "unstable" and "prohibited" place. He displayed a definite predilection for the plane and linear axes, and asserted a conspicuous precariousness of balance. Sometimes appropriating the wall as one of the work's supports, he developed credible structures "revolving around the concept of visual and physical instability."[1] Thin planes of transparent acrylic stand vertically, weighted by plates and counterbalances of coloured steel and wood (white, black, grey and red) and / or held by ingenious systems of ties. Closer to the ground, his *Édifications horizontales* (from 1978 on) consist of longitudinal elements of steel treated with anti-rust paint, placed side by side, intertwined or even knotted, and supported by networks of metal rods. The economy of plastic means, the relative elevation, and the contrast between the wall and the spatial autonomy of the components are all parameters that frame a diligent search for rules and codes allowing the artist to build his sculptural system in his own, uncompromising way.

With *Contour* (1981), Goulet continued his exploration of a pure, simplified geometric form by emphasizing the contours of hollowed-out, basic volumes (cubes, boxes, rectangular platforms), the physical quality of the planes and axes that delimit them (the grids and metal bands) and the threefold prominence given to a volumetry of the void. We observe, in this *mise en abyme,* the clarity of definition of volume and space that will characterize all his art. Chosen for its integrity as a sculptural material, the steel used here is plated with zinc. This greyish patina heightens the effects of the surfaces' opacity or transparency, and also emphasizes the complex dynamics of assemblage, bending and tying of the steel bands that form the rectangle. The artist thus devises a "de-minimalized" sculptural object whose concrete appearance welcomes irregularity, favours the fluid construction of the drawing in space and suggests openness rather than density of masses or finiteness. Almost paradoxical, the more monumental steel sculpture *Mur / mur* (1981) offers, in plane and in elevation, a massive volumetry, given over to the tensions in play between the support structures, the planes, the interlacing, a cylinder and an *edifice* of a wall, and all the resulting voids of matter and solids of space.

MUR / MUR, 1981
Collection of the Musée d'art contemporain de Montréal

Recognizable in *Autour / atours* (1983), which followed *Fac-similé* (1982), the object creates a discreet but effective presence for itself. The table, one of the archetypal elements furnishing our everyday surroundings, stands up—cut out, you might say, from a sheet of copper laid on the floor. Around the

Spring Road house in 1987

edge of the sheet, accessories—a cream jug, a stone from a river, a piece of meccano, some yarn, a sponge, slate, a clamp, etc.—are laid next to cutouts and small fabricated elements revealing their configurations. All around ("autour") this rectangular arrangement, four other table legs, one of carved wood, another of cast aluminum, the third fashioned out of papier mâché and the last one made of pieces of galvanized sheet metal, reframe the grouping, with emphasis first of all on the morphology of the table, on its production methods (and those of sculpture, which bears the traces of its process), on its stylistic variations and, finally, on its multiple uses: eating, working, writing, drawing, and so on. Glittering with its adornments ("atours"), the copper gleams and illustrates the notions of double and negative, referent and foil. An additional sign, the letter A (for "amour" and for art) brings the person (and the artist) back into the heart of the work and artistic practice.[2]

Colour plays a vital role in Goulet's work: Initially selective and auxiliary—indicative of function in *Lieux interdits,* for example—then generic—the original colour of the metal, the anti-rust coating, the rusty patina—it appears with increasing emphasis over the years. Evidently a nod to the great tradition of polychromatic sculpture, colour also confirms its omnipresence in the natural, altered and built environment. *Tour/tours* (1985) contrasts, on the wall and floor, two groups of various objects and materials: on the wall, a series of brightly coloured wood mouldings (plinth, baseboard, cornice, etc.) outlining a large, empty rectangle, essentially a plane or picture filled with every kind of possibility, which shows only its ornamented, multicoloured frame; on the floor in front, wire fencing, concrete pieces and blocks, metal plates and latticework, a cube made of wire mesh—in short, an assortment of industrial materials. Turned, carved and painted, the wood recalls the mastery of ornamental work at the same time as it traces, in relief, the representational frame. The construction materials just above the floor evoke the undertaking of erecting buildings, as well as projects for constructing an invented, reorganized landscape.

The use of colour, especially its immoderate use, is a formal strategy, an aestheticizing attitude, which often takes on an appearance that is provocative (contrary to the rules of taste), eccentric (disconcerting to the senses) or insolent (challenging the rules of art). Colour makes use of social codes (various shades of domestic colours) or popular codes of attraction (inventory of colour charts in big box stores). Colour brings out the form, even an ordinary one, to the detriment of the material, rich as it may be. I have often called my work baroque because I want it to be surprising, daring to the point of incoherence. You could consider this overabundance felicitous, but above all, you can say it stems from

Sans toit (sans toi), 1984

Modèles (1985) borrows the archetypal motif of the house, standardizing it and making it commonplace, as happens in some modern residential neighbourhoods. Ironically, what individualizes the twelve nearly identical little houses made of tin is more the frieze of multicoloured cornices attached to the wall that holds them. Standing out in the foreground, mounted on piles, are the delicate frame of a wooden house and a subtly decorated toy house made of metal, the final outcome of a miniaturized architecture. The scale of this work does not diminish either its impact or its significance, especially given that it follows the monumental outdoor project *Sans toit (sans toi)* constructed in Saint-Jean-Port-Joli the previous year, when the public was invited to come and lay the bricks—one per person—for a house in the making. (This intertwined notion of collective effort and the need to call upon public participation is one of the artist's concerns, to which we will return with respect to his recent piece produced on Mt. Royal in the summer of 2004.) The symbolism of home is essential. It refers to shelter and security, it carries all affects within it, it nurtures childhood memories and it also reveals the status of its occupants.

The sculpture *Trophée* (1986), which shares a playful dimension with the model-building of *Modèles,* presents the modified frame of a large bed, skilfully balanced on a toy truck and a stack of steel sections, and leaning against the wall, supported by an assemblage of pieces of meccano and a ladder, also of steel. Meticulously put together, the subtly graphic look of the work is exquisite. In organized disorder, we find an allusion to the principle of growth and elevation favoured in sculpture, a definition of space and the way it opens exponentially (and upward), a subdivision of the frontal planes (the head and foot of the bed) that suggests pennants and standards, and finally an enumeration: toy, game, construction, tools (clamp), equipment (ladder). In the centre of the head of the bed, a small, cross-shaped hatchet makes us think of the crucifix that ruled for so long over Québec bedrooms, and also tempers the apparent insouciance of the piece. Emblematic of a domesticity full of bliss, or not, the bed is, among other things, the site of love as well as of life and death. It is one of the pre-eminent motifs in Goulet's output from 1986 to 1988.

Uncertainty, skepticism or unease about a deep-rooted search for meaning. M. G.

I wouldn't want art to be impervious to life. I wouldn't want life to be impervious to art. However, making a work of art is neither reporting nor relating. It is first of all giving form to an idea in a way that makes it lose its anecdotal wrapping, renders it universal and turns it into an autonomous, even poetic object. In 1983, my father began, on his own, to build the house he had designed and dreamt of before he retired. Starting from the day he turned sixty-five, he excavated and then built this second home for the next fifteen years, without ever living in it permanently. We had planned to put on the roof by having a family "building bee"—and that's what we did. In 1984, after wondering about the notion of home and the matter of possessions, I did *Sans toit (sans toi)* in a building bee in Saint-Jean-Port-Joli. M. G.

Every day, I delight in discovering what diverts the eye, what forms the rules governing the existence of an entity, a statement or the emotional power of a simple object. I have a lot of curiosity—even for things people consider worthless. It's the same with my work. Because I'm the one who has the privilege of entering into a dialogue with a spectator (a spectator, not the public), I wouldn't want to dazzle him, bewitch him to the point where he only looks outside himself. I would like to totally captivate him, to exert a fascination so that he will search through his own experience and memory for what will resolve the enigma of the work. M. G.

Two schools of thought shaped the beginnings of my practice: formalism and conceptual art. I admired the intellectual rigour of both of them, but rejected the dogmatism. I first called my artistic projects "intentions" (because I proposed to reach a certain goal) and eventually considered them from a different angle, using the notion of rules for action (*règles d'action*), as was suggested by Philip Fry. This would enable me to get my projects started based on a concept that I would then let be enlivened by finds, discoveries, events, life experiences. Everything would take a position—not as an illustration, but as a demonstration in which the fragments would be viewed as the premises of an argument. M. G.

Considered retrospectively, the logic of the succession of motifs connected to the idea of home and some of the things it contains—tables, beds and now chairs—stands out in the way it meshes with the notion of inventory and listing, but above all because beyond its denotative, illustrative nature, it allows valid, multifunctional, formal strategies: Each motif occupies a volume characterized by an underlying void of inner space. Through its conciseness and its refined execution, *Table du travail* (1987) reiterates in precise terms one of the premises that govern Goulet's practice: the accord of the plastic statement, the spatial positioning and the factual argument. Stacked together, literally embedded in each other, simultaneously at rest and out of service, two brass-finished chairs straddle and thus contain two volumes of an encyclopaedia for autodidacts and a compact stack of puzzles. We immediately think of the accumulation of knowledge and the brain-racking that results from an information overload, along with the difficulty and satisfaction of achieving knowledge by one's own means and at one's own pace. Nearby, diagonally across from it, a curious wood and steel structure, a kind of low, compressed workbench or multipurpose stool, is covered with an odd assortment of instruments for measuring (tape measure, protractor), orientation (compass) and writing (typographic letters), tools (pliers, monkey wrench), a pair of dice, a revolver, a blade, keys, thread, a book of matches decorated with the fleur-de-lis, and so forth. We may deduce from this a whole range of operations involving both thought and action. While it initially seems eclectic, the layout of the various pieces is not simply scattered, as it fits precisely into the cutouts in a steel plate that is laid, like a full stop or a transparent cover full of emptiness and substance, on top of the legs of the inverted chair. This direct (and oblique) bringing together of two deliberately distanced notional fields—that of knowledge and that of the organization of work and practices—also underlies another major grouping, *Assemblée* (1987).

There, obediently lined up in rows and separated by a centre aisle, twenty-four metal chairs have undergone multiple procedures. All differentiated and rendered unusable by the absence or transformation of their seats, they stand stoically, if not painfully (because of the treatments that have been inflicted on them with a blowtorch), an audience waiting before an unusual table—a drafting table—with its legs supported on books and tools in primary colours, a black jack and a silver-plated chain, and its surface strewn with thousands of pieces of puzzles forming, layer by layer, the geopolitical variations of the

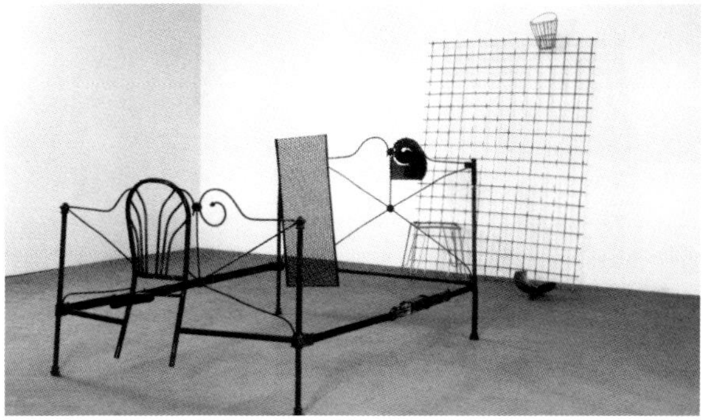

PROXIMITÉS, 1988
Collection of the Musée d'art contemporain de Montréal
Gift of Robert-Jean Chénier

map of the world. Goulet gathers these manufactured objects and manipulates them in order to expose their structures and alter their meanings. He questions power games and the precariousness of authority; he presents a fantastic role-playing in which the metaphor of the deaf person and the blind person reigns supreme: agitation and order, resistance and indifference, not listening and not seeing. It is impossible to remain indifferent to the symbolic power of this imagined meeting, precisely because it is part of the collective imagination: the classroom (education), courtroom (justice), conference room (communication), meeting room (professional life), etc.

I DON'T CULTIVATE AMBIGUITY, AND I WOULDN'T WANT TO IMPLY THAT TO "UNDERSTAND" THE WORK, YOU FIRST HAVE TO UNDERSTAND A SECRET. IF, AT FIRST GLANCE, YOU HAVE THE FEELING YOU'RE BEING CAST ASIDE, THEN YOU HAVE TO NAME THE ELEMENTS AND CREATE YOUR OWN RESPONSE. THE ENIGMA (THE WORK IS AN ENIGMA, TO START WITH) IS HIDDEN BENEATH THE APPEARANCE OF THINGS AND MASKS ITS MEANING IN THE BANALITY OF THE OBJECTS AND SITUATIONS. M. G.

Produced in industrial fashion and quantity, everyday consumer products express the nature of the ideologies that prevail in contemporary society. Taking them out of context sometimes amounts to making them undergo a revelation. The firearms that appear in Goulet's work magnify and direct, through their often sensational force of attraction, the social and political impact of the argument. In *Faction / factice* (1987), ten shotguns (unloaded) lined up at attention against the wall hold the same number of books and miscellaneous objects, which each correspond to other objects placed on the floor as stops or counterweights to the butts of the rifles. Through mutual exclusion or tolerant acceptance, it is a matter of basic survival by means of knowledge as well as of hunting (for food) and self-defence. Just as the horizontal line and the vertical vectors spread out formally, and precisely, tensions are established between the fragility, delicacy, nature or practical uses of the different objects on the one hand, and the inescapable impression of force, even violence, conveyed by the guns, on the other.

Michel Goulet intentionally combines opposites. With his mastery of the subtlety of the different contents, he handles the art of dichotomy with a poetic ease that is in no way facile. In *Les Rapprochements inattendus* (1988), he draws unexpected parallels in which objects to which he has patiently accustomed us (pair of intertwined chairs, tools, table top covered with copper, etc.) are brought together with new elements (metal dress suspended from a hanger). At once absent and present, welcomed and

THE CONSTRUCTION AND APPREHENSION OF AN ARTISTIC OBJECT ARE NOT TIED TO A LINEAR UNDERSTANDING. ADDING, COMPARING OR BRINGING TOGETHER TWO ENTITIES ALLOWS COMBINATIONS THAT ARE NOT LINKED TO A HIERARCHICAL OR TEMPORAL ORDER.
IF I OBSERVE OBJECTS OR GROUPS OF OBJECTS SET BEFORE ME, I WILL FIRST HAVE TO ASK MYSELF IF AN ACCIDENT OR A RATIONAL OR

INTUITIVE INTENTION HAS BROUGHT THEM TOGETHER THIS WAY. THEN, AS A WITNESS TO THIS COMBINATION, AND THUS IMPLICATED IN THE EVENT, I WILL GO BACK AND FORTH THROUGH REFERENCES, RECOLLECTIONS, EMOTIONS AND THOUGHT PROCESSES. IF AN ARTIST HAS CLEVERLY SCRIPTED THIS COMPLEX REALITY, HE OR SHE WILL HAVE DONE EVERYTHING POSSIBLE TO CHANNEL MY EXPERIENCE AND MAKE IT RESONATE IN SYNCHRONY WITH THE WORK, THE PERSONAL SENSORY EXPERIENCE AND THE CONTEXT. EVEN IF AN ASSEMBLAGE ARISES OUT OF CHANCE OR NATURE, YOU CAN READ AN ORDER OR IMAGES IN IT THE SAME WAY YOU CAN READ THE FUTURE IN TEA LEAVES. M. G.

kept at a distance, the person hinted at in silhouette is part of a work that contains explicit references to artistic practice and implicit references to life passing by. Abandoning the two-part composition he had worked hard to renew, the artist proposes, in his *Leçons d'époque* (1990), a fragmented cataloguing of that which affects our surroundings. Four thematic assemblages stand vertically: a large piece (a lengthwise section) of wood left in its natural state—a rare occurrence—mounted on wheels and leaning against the wall; a stack of four new, metal garbage cans pierced through, for support, by a shotgun (aggression), an umbrella (protection), a baseball (play) and a saw (work); a set of metal shelves holding in various containers, one beneath the other, typographic letters, utensils, screws and fasteners, and assorted materials: wire, zinc, etc; and a monumental, orange-coloured urn with a set square and American bank notes, among other things, on top. This hybrid quartet provides, in bursts and fragments, on the edges of a square, impressions of the fate in store for nature in the industrialized world, of the excesses and wastage of our consumer society, of the materials of sculpture, of the classification and preservation of new ethnographic artifacts (of contemporary society), and of a sense, or lack, of measure.

A sculptor above all, Goulet explores and displays rather than proclaims or denounces. Engaged in a lengthy quest that may sometimes end in an impasse, but definitely not in renunciation (*Points de vue sur l'impasse,* 1991), he searches, among existing objects and materials, that which will lead him to create new spaces. He can also produce from scratch, or have manufactured, the ready-mades that open up new avenues for him. In *State of Directions* (1990), he divides up the floor in a checkerboard of sixteen elements: eight black T-shirts that have been pressed, flattened and riveted onto small wheeled platforms that can be pulled with a little chain, and eight stationary, black boxes containing brand-new utilitarian objects—a yellow extension cord, red wheels, nails, etc. In the middle of each of the mobile elements lies a cylindrical metal form that has undergone some sort of torsion giving it the look of abstract sculpture. A mental chessboard and an inventory of manufactured but unused objects—whose loss of meaning accentuates the plastic dimension—this sculptural grouping suits various scenarios in which the individual is challenged by artistic developments and the acts and demands of existence. *La Chute des corps* (*Gravity Round,* 1994) transfers to the wall the configuration of the square, once again made up of sixteen elements: menacing-looking toothed wheels, actually circular saw blades. In the centre of each of

I CONSTRUCT MY SCULPTURE-INSTALLATIONS THE WAY MONTAIGNE WAS SAID TO CONSTRUCT AN ESSAY: "HE NEVER CLAIMS TO PROPOSE IT AS A CERTAIN TRUTH, BUT ONLY AS A SUBJECTIVE ACCOUNT, A PERSONAL OPINION . . . THE EXTENT OF HIS THOUGHT." I HAVE A REAL NEED TO KNOW—BUT NEVER THE PRETENSION OF REALLY KNOWING. THERE ARE SO MANY THINGS THAT RUN THROUGH MY MIND, SO MANY THOUGHT PROCESSES, PROMPTED BY EVERYDAY EVENTS, SO MANY POETIC CONNECTIONS JOSTLING EACH OTHER THAT I CAN'T GUARANTEE THE UNITY OF MY WORK. I CAN ONLY ASSERT MY COMMITMENT TO MY PRACTICE IN AN ATTEMPT TO SHOW THE CURIOUS MIND THAT DRIVES ME. I SOMETIMES WORRY ABOUT NOT BEING ABLE TO FULFIL THE IMAGE PEOPLE HAVE OF AN ARTIST: ONE GREAT OBSESSION, ONE WAY OF UNERRINGLY RECOGNIZING THE FORM OF HIS OR HER them, incongruous elements, laden with meaning—a tap, a doorbell, a wristwatch, and so on—seem to hold them to the wall and infuse these round ready-mades à la Duchamp with a perpetual rotary motion defying the laws of gravity.

Formalizing volume and space rather than the density of mass in his configurations, Goulet favours planes, linear axes and clean, incisive cutouts. *Rencontres opportunes* (1996), both an allusion to the work of Richard Serra and a suggestion of the notion of absurdity, could be read as an ode to the golden age of sculpture (and by extension to the work of a sculptor), with all this presupposes in terms of attempts to elude earthly gravity, and age-old gestures and manipulations, just as it implies a recognition of the merits of modern technology and the subsequent transformation of the act of sculpting. This is reaffirmed in the intimist piece *Mind Mines* (1996) which presents an impossible, indeed fictitious, private encounter between intellectual pleasure and the contingencies of daily life. Everything is revealed through connotation-filled, altered, non-functional objects—table, tablecloth, chair, stool, wheelbarrow—made of metal and given a dark, austere patina, from which the realistic polychromy of the everyday accessories has disappeared but is punctuated here and there with a more precious material (brass). In *Le Mur de verre* (1997), a steel ladder with seven different rungs touches the wall and holds a shelf on which are laid out six small blocks, each of them open in a different way. This terse metaphor suggests rather than illustrates the inaccessible, through the transparent, reflexive screen of creation.

Clothing, a discreetly recurring presence in Goulet's work, appears four times in *Mouvements et motions* (1998). The overall silhouette, outlined in a swift, efficient stroke, and the textile framework, suggested in summary, fanciful fashion, borrow from the necessary contrast of the rigidity and flexibility of the metal strip. Suspended from hangers, themselves attached to hooks distinguished by reflecting or revealing objects, these schematic body coverings are contrasted with a circular wall relief, a linear assemblage and a construction of small red building blocks (mini-bricks), all viewed from a frontal perspective that looks, overall, is if it might have been taken from a philosophical comic strip—a notion in no way contradicted by the Cartesian words displayed, balloon-like, on the wall: "I think, therefore I am."

Driven by a propensity for diversifying and bursting open the framework of his art, Michel Goulet has always carried on a parallel practice of original drawing. From the spare, incisive works of the late seventies—in which the gesture hastily sketches planes and their meeting in space—to the unified,

ARTISTRY, WHAT WE CALL THE SIGNATURE OR STYLE. I HOPE THAT, WHEN IT COMES TIME TO TAKE STOCK, IT WILL BE RECOGNIZED IN MY WANDERING ARTISTIC JOURNEY THAT I QUESTIONED MYSELF, NOT BECAUSE I WAS CONFIDENT OF FINDING ANSWERS, BUT BECAUSE I WAS NOT AFRAID OF MAKING MISTAKES. IN THE END, WHAT YOU'LL FIND IS A PORTRAIT OF SOCIETY AND A PORTRAIT OF AN INDIVIDUAL, BUT NO DOGMA, NO SINGLE OBSESSION, NO PREDICTABLE SOLUTION, NO BRAND IMAGE. A FEW ROUGH OUTLINES THAT WERE NEVER DEFINITIVELY RESOLVED WILL RESURFACE HERE AND THERE, AND YOU WILL ALWAYS LEAVE THE WORK WITH A TRACE OF A SMILE ON YOUR LIPS.

M. G.

coloured, un-retouched strokes in the exemplary *La Table et le tableau* from 1988; from the complex boxes and assemblages of the nineties—by turns conducive to collage, accumulation, subtraction, and visual and textual inscription—to the current digital pieces, these polymorphous graphic works mark out their intentions using different angles and means.

The artist recently compiled and reproduced, on a small scale, the flags of the countries and States that form the current geopolitical context. A comprehensive, systematic summary, like a didactic chart, *Living Under Many Banners* (2002) incorporates into its instantly verifiable content other "states"—mental and emotional ones, like selfishness, boredom, love, arrogance and infidelity—whose banners are complete fabrications, emphasizing the potential of the referential aspect inherent in the wide-ranging project of nomenclature and inventory that runs through his entire practice. In *Gardeners and Gardens of the World* (2003), Goulet tackles a linguistic content which he magnifies: He notes and lists all the first names appearing in languages that use the Roman alphabet. Tens of thousands of names suddenly appear, this time filling four huge sheets of paper. The characters contrast their legibility with that of an invented visual writing, declined from the motifs and symbols assigned to each Roman letter. These ideograms are juxtaposed to each of the names, and the binary composition of the piece devises a mysterious, mixed calligraphy that exerts an irresistible power of attraction on the viewer (reader). For these works, the artist exploits the multiple possibilities of computer technology: search engines, graphics software programs, digital printing techniques, etc. While demonstrating the equivalency of contents and means, he also incorporates personal experience into overall contexts sensitive to the Other and to difference.

Circus (2002–2003), the pinnacle of the hybrid and the heterogeneous, presents a circular, continuous unfolding of sixty constructed visual moments, imaginary playlets in which the object has only momentary meaning through the play of cunning comparisons and chance associations. However, this polysemic paean to the trivial and the absurd arises from connections and references characteristic of a mature, diligent approach from which the effects of a poetry of nothingness and those of a total mastery of space seem to escape in controlled doses. Each sculptural "act" takes on the presence of a bravura piece; the proposed sequence defines a remarkable circuit, following signs borrowed from favourite objects, all around a space of deliberate, breathtaking emptiness that offers special moments of calm and respite in the midst of the disjointed fragments of day-to-day chaos.

I'VE SPENT A LOT OF TIME IN PLACES WHERE OBJECT-FRAGMENTS, OBJECT-TRACES OF OUR CIVILIZATION, ARE LEFT AS HAVING NO FURTHER USE: SCRAP YARDS, SECOND-HAND STORES, FLEA MARKETS, GARAGE SALES, JUNK ROOMS. I'VE GOTTEN LOST IN DICTIONARIES AND ENCYCLOPEDIAS, LOOKING FOR EVERYTHING AND NOTHING. JUST A FEW YEARS AGO, I DISCOVERED, LONG AFTER NEARLY EVERYONE ELSE, THE COMPUTER AND ITS FASCINATING, MAGICAL SOFTWARE TOOLS, AND THE INTERNET. NOT THE TOOLS CREATED FOR ARTISTS AND GRAPHIC DESIGNERS, BUT ALL THE OTHERS WHICH I TRY HARD TO DIVERT FROM THEIR ORIGINAL USES: STILL MORE WORDS, IMAGES AND IDEAS GLEANED FROM THESE INVENTORIES. M. G.

Remaining true to two-part structure, Goulet reappropriates the wall space, in *Positions perplexes* (2004), by covering it with two metal grids: the first, formed in the negative by twisted spikes screwed directly into the wall, which appears to allow their points to come through; the second, at once undulating and orthogonal, made up of an intertwining of narrow rods that gives the idea of a fluid, openwork checkerboard resting on a shovel and a turned and carved wooden table leg. Small, metal additions cobbled together and painted attach all of the grid's points of intersection. Added to the array of small, coloured, fabricated items, four recognizable objects—a spoon holding a little yellow ball, a dart stuck among artificial leaves, a red magnet hung from a small chain, some bluish-purple yarn—reintroduce, in an undertone, subtle connections to reality. Divided in two and slightly out of line, these grids depend on each other—the second leaning on the wall pitted with elements of the first—as much as they tend to split apart. From the factual plastic presentation, an abbreviated summary of a practice marked by its clarity of structure and luxuriance of motifs, to the un-positioning of the whole, removed from its initial, precarious, even menacing, situation, this new, double-edged work is striking.

For the exhibition *Part Life, Part Game,* Michel Goulet has also produced a second major sculpture: *Eden-Garden-End* (2004). A paradoxical forest of woody-seeming stalks of steel, this Eden looks like a wooded place, schematic and primitive, where long, slender stems, attached to the floor by networks of roots, open out at the top in a delicate arborescence in which tiny, blue, play-dough additions bearing the mark of their creator peep out here and there. This primeval garden, where the tree of knowledge appears to have multiplied, maintains at its centre a visible but inaccessible space. As well, ropes of the kind used to cordon off areas of museums secure the perimeter of this new Eden, disarming and eloquent in its simplicity, which reinterprets, in consummate, well-tried terms, the nature of original desire.

The remarkable, cogent trajectory followed by Michel Goulet fits, with great relevance, into the main trends in contemporary sculpture. His immediate understanding of the issues involved in minimalist sculpture underlies his careful examination of the interstices and irregularities in shapes and in the finished volume; moreover, the changes in the relationship to the object proposed by conceptual art inform his own recognition of the potentialities of the object. Pursued in synchrony with the renewal of sculpture, his practice goes on independently yet commands attention on the Québec and Canadian art

YOU'RE NOT BORN AN ARTIST, YOU BECOME ONE. ONE DAY YOU ATTACH THE HEAVY WEIGHT OF ART TO YOUR FOOT AND PLUNGE INTO THE WATER IN ORDER TO DISCOVER. YOU CAN THEN CONGRATULATE YOURSELF ON HOLDING YOUR BREATH AS LONG AS POSSIBLE. YOU CAN ALSO LEARN TO SWIM AND TO BREATHE UNDER

Complément axial, 1980

Lieux communs, 1990

WATER. THE EARTH AND THE AIR ARE LANDS OF MEMORIES AND DREAMS, BUT YOU'LL NEVER BE ABLE TO GO BACK TO THEM. IT'S AN IRREVERSIBLE COMMITMENT. M. G.

scene, and is in step with the concerns of international art. Solid and subtly protean, Goulet's work contains ramifications that extend not only to drawing and "graphics," but also to public art and the theatre.

In fact, when he produced *Complément axial* in 1980 at the sculpture symposium in Chicoutimi, Goulet embarked on one of the main axes of his career: public art. Here, he is able to place the work in context, sometimes even directly, and initiate the dialogue he intends to carry on with the public. Known mainly for his *Leçons singulières* installed in Place Roy in Montréal in 1990 and for *Lieux communs* exhibited the same year in New York (at the entrance to Central Park, in Doris C. Freedman Plaza) at the invitation of the Public Art Fund, Goulet also produced an imposing site-specific installation last June on Mt. Royal, as part of the *Artefact* (2004) event, in which the public was invited to attach thousands of multicoloured ribbons to a kilometre-long fence. The finishing of *Le Beau Côté / The Sunny Side* (2004) (just like the operation of taking it down in the fall) called upon individual participation by the spectators; it allowed the renewal of an elementary activity—attaching and tying—at the same time as it facilitated, in the space of a few moments, the reiteration of the ordinary gesture in all its beauty and the apprehension of its artistic potential, and did so in an extraordinary natural and urban setting. Goulet has also produced a number of permanent sculptures, including *Les Moments magiques* (1995), which is installed next to the Royal Victoria Hospital and which, according to the artist, "is a kind of multifaceted allegory of the quest for the ideal, and invites the search for happiness and liberty."[3]

In addition, for more than ten years, Goulet has been active in the theatre world, where he has designed some remarkable sets, notably in collaboration with Denis Marleau and Théâtre UBU. His specific contribution to this particular practice stems above all from his curiosity and his thirst for essential writings, and also the unique quality of the gaze he casts on the theatrical space as a catalyst of emotions and knowledge. The objects, structures and sets he devises there clearly form part of his sculptural language, mobilizing and extending it in the search for new visual expressions, in the use of new technologies and media, and in the exploration of the metamorphoses generated by the "magic" of the stage.

Les Moments magiques, 1995

Les Moments magiques (model)

Although it offers an ample, brilliant image, the sculpture of Michel Goulet is defined in the expression of the person rather than the illustration of the object. Methodically building the critical repositioning of elements of the past, whether remote or recent, re-examined closely through the prism of everyday reality, the work is based on an acknowledged composite of perceptible dualities: the highlighting of craftsmanship and respect for the assembly line, industrious patience and the dazzling intensity of the argument, the admission of ludic activity and the dimension of menace and danger, order and disorder, the static nature of objects and the dynamic nature of the artwork (movement of the eye and body), human scale and the universality of the content, the solid of objects and the primordial void. Over the years, Goulet has shown us fragments of meaning and spaces of experience that belong to the hidden side of things.

1 Translation of the artist's words quoted by Lise Lamarche in her essay "Petit traité nostalgique à l'usage de l'amateur," *Michel Goulet / Lise Lamarche* (Montréal: Musée d'art contemporain de Montréal / Éditeur officiel du Québec, 1980), p. 30.

2 Trevor Gould, "Building Sculpture—Michel Goulet," *Vanguard* (Feb. / March 1986), p. 29. "In a folded envelope of copper, Goulet inserted the letter 'A'. In this context, the reference is to love (amour) and art. The love of art, the art of love. Either way the reference is a personal one, passion best exemplified by desire. If indeed the work examines the appearances of objects, it does so through an analysis of process: the pleasure of 'doing'."

3 Translation of the artist's words quoted in "Michel Goulet ou l'art d'habiter l'espace public," *L'UQAM branché* 15 (April 7, 1997).

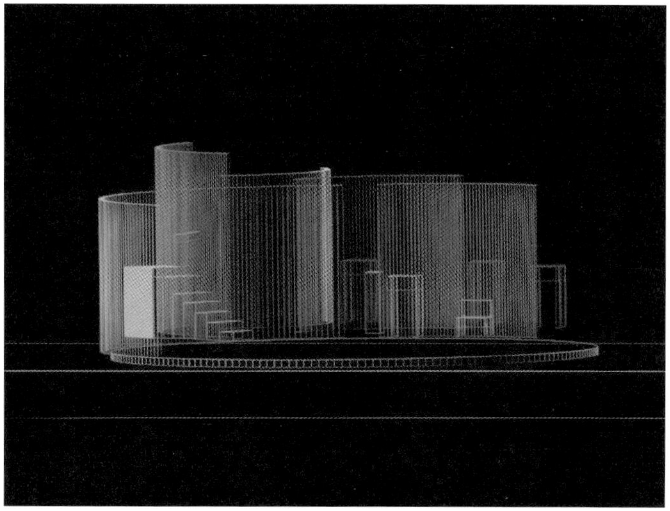

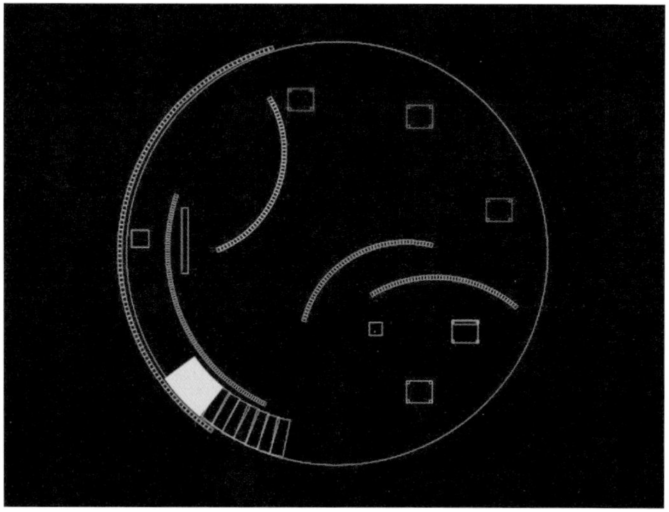

Listes des œuvres

Sans titre, 1976
Fusain sur papier
50,5 x 65,5 cm
Legs René Payant
Collection du Musée d'art contemporain de Montréal

Sans titre, 1976
Pastel gras sur papier
51 x 66 cm
Collection Sylvie Provencher

Lieu interdit IX, 1978
Acrylique et acier peint
183 cm (hauteur)
Legs René Payant
Collection du Musée d'art contemporain de Montréal

Édification horizontale II, 1978
Acier peint
110 x 519 x 52 cm
Collection du Musée d'art contemporain de Montréal

Sans titre, 1978
Crayon de couleur sur papier
56 x 76 cm

Sans titre, 1980
Graphite sur papier
56 x 76 cm

Contour, 1981
Acier enduit de zinc
46 x 253 x 203 cm
Don de la Banque d'œuvres d'art du Conseil des Arts du Canada
Collection du Musée d'art contemporain de Montréal

Autour / atours, 1983
Cuivre, bois, acier galvanisé, aluminium et objets divers
69 x 183 x 274 cm
Don
Collection du Musée d'art contemporain de Montréal

Modèles, 1985
Acier, boîtes de conserve, bois, corniches et objets
50 x 185 x 25,5 cm (mur)
109 x 26,5 x 26,5 cm (sol)
Collection du Musée d'art contemporain de Montréal

Tour / tours, 1985
Moulures de bois, acier et béton
137 x 144 x 144 cm
Don de l'artiste
Collection du Musée régional de Rimouski

Trophée, 1986
Acier et objets divers
232,5 x 249 x 249,5 cm
Collection du Musée d'art contemporain de Montréal

Table du travail, 1987
Acier, laiton, chaises et objets divers
87 x 122 x 122 cm
Don de Robert-Jean Chénier
Collection du Musée d'art contemporain de Montréal

Faction / factice, 1987
Fusils et objets
122 x 450 x 51 cm
Collection Andrée et Patrice Drouin

Assemblée, 1987
Acier, chaises, table, casse-tête et objets
127 x 700 x 700 cm
Don de Norman, Laurel et Kristian Laliberté
Collection du Musée national des beaux-arts du Québec

La Table et le tableau, 1988
Pastel à l'huile sur papier
66 x 100 cm
Collection particulière

Les Rapprochements inattendus, 1988
Chaises, acier, cuivre, tôle galvanisée et objets
180 x 150 x 150 cm
Collection particulière

Mémoires mensongères, 1989
Acier, plomb, aluminium et objets
120 x 117 x 40 cm
Collection Michel Giroux et
Denis Roy

Les Leçons d'époque, 1990
Bois, métal, fibre de verre, acier
et objets
Dimensions variables
Don de Robert-Jean Chénier
Collection du Musée d'art
contemporain de Montréal

États des directions, 1990
Acier et objets
30 x 305 x 305 cm (variable)

Points de vue sur l'impasse, 1991
Acier, aluminium, silicone
et mercure
200 x 104 x 75 cm
Collection Céline Lamarre et
Jean Cliche

Compelling Box – Time Life, 1990
Carton enduit de zinc sur
panneau de bois
64 x 56 cm

Compelling Box – Harmony, 1990
Carton enduit de zinc sur
panneau de bois
53 x 56 cm

Boîte angle, 1991
Carton, résine et objets
123 x 126 cm

Boîte cible, 1991
Carton, résine et objets
123 x 126 cm
Collection Michel Giroux et
Denis Roy

Les Ubs, 1991
Collage ayant servi pour une
affiche originale du Théâtre UBU,
d'après les textes d'Alfred Jarry
69 x 83 cm
Collection Denis Marleau

Sans titre, 1993
Sérigraphie sur papier, é. a. II/V
Extraite du coffret
Armistice 1993-19...
Édition de 13
38 x 57 cm
Collection du Musée d'art
contemporain de Montréal

Paris, 1994
Techniques mixtes sur papier
74 x 51 cm
Musée des beaux-arts
de Sherbrooke

La Chute des corps, 1994
Acier inoxydable et objets
167 x 167 x 17 cm

Les Moments magiques, 1995
Hôpital Royal Victoria, Montréal
Maquette

Les Pièges de l'esprit, 1996
Acier patiné et laiton
84 x 60 x 111 cm
Collection Luc LaRochelle
Œuvre promise au Musée des
beaux-arts de Sherbrooke

Rencontres opportunes, 1996
Acier patiné et laiton
124 x 90 x 173 cm

Brin de folie, 1997
Carton, résine de polyester,
polymère, lettres de plastique
54 x 61,7 x 3,8 cm
Don de Robert-Jean Chénier
Collection du Musée d'art
contemporain de Montréal

Le Mur de verre, 1997
Acier patiné et laiton
260 x 110 x 40 cm
Collection Sylvie Gélineau et
Jacques Payette

Mouvements et motions, 1998
Acier, bois et objets
Longueur variable : 450 cm

Urfaust, tragédie subjective, 1999
Maquette du décor, Théâtre UBU
Collection Denis Marleau

Vivre sous plusieurs bannières, 2002
Impression numérique sur
Summerset
8/12
120 x 90 cm
Collection du Musée d'art
contemporain de Montréal

Living Under Many Banners, 2002
Impression numérique sur
Summerset
8/12
120 x 90 cm
Don de Christopher Cutts
Collection du Musée d'art
contemporain de Montréal

Circus, 2002–2003
Objets et matériaux divers
600 cm de diamètre

Jardiniers et jardins du monde, 2003
Impression numérique sur papier,
é. a. I/I
4 éléments
162 x 121 cm chacun

Positions perplexes, 2004
Acier, acrylique et objets
265 x 265 x 52 cm

Eden-Garden-End, 2004
Acier, fil de fer, pâte à modeler,
caoutchouc et objets
215 x 360 x 360 cm

Biobibliographie sélective (depuis 1980)

Michel Goulet
Né à Asbestos, le 4 août 1944.
Vit et travaille à Montréal.
Prix Paul-Émile-Borduas 1990
Représenté par :
Christopher Cutts Gallery, Toronto.

Expositions individuelles
* Exposition avec publication.

2004

Part de vie, part de jeu : Une incursion critique dans le travail graphique et sculptural de Michel Goulet, Musée d'art contemporain de Montréal, Montréal. *

Michel Goulet: A Round, a World, Christopher Cutts Gallery, Toronto.

2003

Michel Goulet : Circus, La Chambre Blanche, Québec.

2002

Michel Goulet – Jeux de nombres, Musée des beaux-arts de Sherbrooke, Sherbrooke.

2001

États / éclats, Atelier Silex, Trois-Rivières.

2000

Le réel fragmenté : Gnass / Goulet, Centre d'art Le Bosphore, La Seyne-sur-Mer.

Porter le mur comme le masque, Occurrence, espace d'art et d'essai contemporains, Montréal. — Commissaire : Louise Provencher. — Circulation : Centre culturel canadien, Paris (2000) et Musée régional de Rimouski (2001). *

1998

Enjeux, Maison de la culture Frontenac, Montréal.

Michel Goulet – New Sculptures, Christopher Cutts Gallery, Toronto.

Un signe de la main, Galerie d'art du Centre culturel de l'Université de Sherbrooke, Sherbrooke.

1997

Les bonnes Intentions, Centre d'exposition Circa, Montréal. — Dans le cadre du projet *Sarla Voyer et son invité Michel Goulet*.

Un signe de la main, CIAC – Centre international d'art contemporain de Montréal, Montréal. — Commissaire : Gilles Daigneault. *

1995

Michel Goulet – Recent Work, Christopher Cutts Gallery, Toronto.

1993

Michel Goulet – Louise Robert, Centre d'exposition Circa, Montréal. — Commissaire : Gilles Daigneault. *

1992

Profils / Exils : œuvres récentes, Galerie Verticale, Laval.

1990

Éloquentes perspectives, Délégation générale du Québec, Paris.

Les Leçons d'époque : sculptures récentes, Galerie Christiane Chassay, Montréal.

Les Lieux communs, Doris C. Freedman Plaza, New York.

Michel Goulet, Centre culturel de l'Université de Sherbrooke, Sherbrooke.

Michel Goulet – Recent Sculpture, Jack Shainman Gallery, New York.

1988

Michel Goulet, Venise. — Avec Roland Brener, dans le cadre de la *43e Biennale de Venise*. *

Michel Goulet, Canada House Cultural Centre / Centre culturel de la Maison du Canada, Londres. — Avec Roland Brener.

Michel Goulet, Galerie Christiane Chassay, Montréal. *

Michel Goulet, Galerie Horace, Sherbrooke.

1987

Michel Goulet, Le Lieu, Québec.

1985

Michel Goulet, Galerie Jolliet, Montréal.

Œuvres récentes, Galerie d'art de Matane, Matane.

1983

Michel Goulet : Fac-similé, Galerie Jolliet, Montréal.

1981

Les Sculptures récentes de Michel Goulet, Galerie Jolliet, Québec.

1980

Michel Goulet et Louise Robert, Musée d'art contemporain, Montréal. *

Principales expositions collectives

2004

Artefact 2004 – sculptures urbaines = Artefact 2004 – Urban Sculptures, site du mont Royal, Montréal. Commissaire : Gilles Daigneault. *

Occur(Blur), Winnipeg Art Gallery, Winnipeg. — Commissaire : Mary Jo Hughes.

2003

Acquisitions récentes, Musée d'art contemporain de Montréal, Montréal. — Commissaire : Josée Bélisle.

Manières et matières. La collection du Musée des beaux-arts de Sherbrooke, Musée des beaux-arts de Sherbrooke, Sherbrooke. Commissaire : Suzanne Pressé. *

2002

Contrepoints, Maison Hamel-Bruneau, Québec. — Commissaire : Gilles Daigneault. — Exposition itinérante. *

Invitation au voyage, Maison de la culture Ahuntsic / Cartierville et autres lieux, Montréal. *

"Open Spaces", Vancouver International Sculpture Project, divers sites extérieurs, Vancouver. *

2001

Growth and Risk, World Financial Center Courtyard Gallery, New York. — Organisée dans le cadre de l'événement *Québec ! New York 2001*, annulée avant d'être inaugurée en raison des attentats du 11 septembre 2001. — Commissaire : Claude Gosselin. *

L'abstraction : une manière de voir, Musée du Québec, Québec.

2000

2000, Christopher Cutts Gallery, Toronto.

Ligne abstraite, Musée d'art contemporain de Montréal, Montréal.

PassArt, Centre d'exposition de Rouyn-Noranda, Rouyn-Noranda. — Directrice du projet : Louise Boudreault. *

1999

Les Bouches ouvertes, Maison Hamel-Bruneau, Sainte-Foy. — Commissaire : Roger Bellemare. — Exposition itinérante.

The Hand, The Power Plant Contemporary Art Gallery at Harbourfront Centre, Toronto. — Commissaire : Marc Mayer.

1998

Absolut Secret, McKee Gallery, New York.

Passage(s). Le fonds d'œuvres du CIAC. — Exposition itinérante organisée par le CIAC – Centre international d'art contemporain de Montréal. *

Rouge, Centre d'exposition Circa, Montréal.

Temps composés : La Donation Maurice Forget, Musée d'art de Joliette, Joliette. *

1997

Manœuvres : Regional Representation in the Canada Council Art Bank, La Galerie d'art d'Ottawa / The Ottawa Art Gallery, Ottawa.

Points de suspension, Centre d'exposition Circa, Montréal.

Proverbes et dictons : une comédie de mœurs, Galerie Christiane Chassay, Montréal. — Commissaire : Gaston St-Pierre.

Thèmes et variations, Galerie Port-Maurice et autres lieux, Ville de Saint-Léonard. *

Trois manières d'instruire l'inventaire, Axe Néo-7 art contemporain, Hull. *

1996

Art public : modèles réduits, Centre d'exposition du Vieux-Palais [auj. Musée d'art contemporain des Laurentides], Saint-Jérôme.

L'Œil du collectionneur = The Eye of the Collector, Musée d'art contemporain de Montréal, Montréal. — Commissaires : Paulette Gagnon, Yolande Racine. *

La Collection : œuvres-phares, peintures et sculptures majeures, Musée d'art contemporain de Montréal, Montréal. — Commissaire : Josée Bélisle.

Promenade, l'art dans la ville, CIAC – Centre international d'art contemporain de Montréal, Montréal. *

1995

Art sans frontière = Art Without Border, École du Versant, Larouche. — Organisée par Claude Simard en collaboration avec Langage Plus, Alma.

Les Lieux incertains, Galerie de l'UQAM, Montréal. *

Libres Échanges : parcours des nouvelles acquisitions, Musée d'art de Joliette, Joliette.

1994

De Causis et Tractatibus : 47 tomes en autant de livres d'artistes, Axe Néo-7 art contemporain, Hull. — Commissaire : Richard Gagné. *

1993

Cartographies variables, Galerie de l'UQAM, Montréal. — Commissaire : Francine Paul. *

Chambres d'hôtel : un parcours dans la ville, divers hôtels, Québec. — Organisée par La Chambre Blanche. *

Imaginaires d'architecture, Maison Hamel-Bruneau, Sainte-Foy. — Commissaire : Suzanne Pressé.

Terra incognita, Musée Marsil, Saint-Lambert. — Commissaire : Francine Paul. *

1992

Art actuel – Présences québécoises, Château de Biron, Biron. — Commissaire : Gilles Daigneault. — Exposition itinérante. *

Goulet, Alloucherie, Mihalcean, Galerie Madeleine Lacerte, Québec. — Commissaire : Gilles Daigneault. *

La Collection : tableau inaugural, Musée d'art contemporain de Montréal, Montréal. — Commissaires : Josée Bélisle, Manon Blanchette, Paulette Gagnon, Sandra Grant Marchand, Pierre Landry. *

Legs René Payant. — Exposition itinérante organisée et mise en circulation par le Musée d'art contemporain de Montréal. *

Sculptures et installations contemporaines d'artistes montréalais : vingtième anniversaire de la Banque d'œuvres d'art du Conseil des Arts du Canada = Contemporary Montreal Sculpture and Installation from the Canada Council Art bank : a Twentieth Anniversary Celebration, Galerie d'art Leonard et Bina Ellen / Leonard and Bina Ellen Art Gallery, Université Concordia / Concordia University, Montréal.

Singulier / Pluriels, Galerie de l'UQAM, Montréal. *

Violence : Pièges du regard = The Deadly Seduction, Centre de diffusion de l'Université du Québec à Montréal et autres lieux, Montréal. — Organisée par la Société d'esthétique du Québec à l'occasion du IIe Congrès mondial sur la violence et la coexistence humaine. *

1991

« En hommage à un cadeau d'Eva Hesse à Sol Lewitt », Axe Néo-7 art contemporain, Hull. *

Quindicesima Biennale Internazionale del Bronzetto Piccola Scultura Padova 1991, Palazzo della Ragione, Padoue. — Commissaire : Pierre Restany. *

Un archipel de désirs, Musée du Québec, Québec. — Commissaire : Louise Déry. *

1990

Andrew Dutkewych, Trevor Gould, Michel Goulet, Galerie Christiane Chassay, Montréal.

Language in Art, The Aldrich Museum of Contemporary Art, Ridgefield.

1989

A Good Read: The Book as Metaphor, Barbara Toll Fine Arts, New York.

L'Histoire et la Mémoire : acquisitions récentes en art québécois, Musée d'art contemporain de Montréal, Montréal. *

Séries Kompakt, Galerie d'art Lavalin, Montréal. *

Variations sur John Cage, Chapelle historique du Bon-Pasteur, Montréal. *

1988

David and Goliath, Jack Shainman Gallery, New York.

Innovations in Sculpture 1985-1988, The Aldrich Museum of Contemporary Art, Ridgefield. *

Les Temps chauds, Musée d'art contemporain de Montréal, Montréal. — Commissaires : Josée Bélisle, France Gascon, Gilles Godmer, Pierre Landry, Réal Lussier. — Exposition itinérante. *

Quebec 88: A Selection = Québec 88 : Une sélection, Art Gallery of Ontario / Musée des beaux-arts de l'Ontario, Toronto.

Voies / Voix intimes, Galerie d'art Lavalin, Montréal. — Commissaire : Roger Bellemare. *

1987

Connexions 87, Centre culturel canadien, Paris.

De fer et d'acier, Galerie des arts Lavalin, Montréal. — Commissaire : Léo Rosshandler. *

Histoire en quatre temps, Musée d'art contemporain de Montréal, Montréal. — Commissaires : France Gascon, avec la collaboration de Michèle Waquant *et al.* *

La Rencontre d'un lieu, Musée d'art contemporain de Montréal (présentation au Vieux-Port), Montréal. — Commissaire : Paulette Gagnon. *

Stations : les Cent Jours d'art contemporain de Montréal, CIAC – Centre international d'art contemporain de Montréal, Montréal. — Commissaire : Claude Gosselin. *

1986

Cycle récent et autres indices, Musée d'art contemporain de Montréal, Montréal. — Commissaire : France Gascon. *

Du poétique de la maquette et de ses répliques, Galerie Christiane Chassay, Montréal. — Exposition itinérante. *

Images-mémoire : peintures, sculptures, installations, Musée du Québec, Québec. — Commissaire : Andrée Laliberté-Bourque. *

Installations / Fictions, Galerie Graff, Montréal. *

Les Dix Ans de la Galerie du Musée, 1976 à 1986, Musée du Québec, Québec. *

1985

Galerie René Bertrand, Québec.

Les Vingt Ans du Musée à travers sa collection, Musée d'art contemporain de Montréal, Montréal. *

Regard oblique sur deux générations, Galerie Jolliet, Montréal.

1984

L'art pense, hall d'honneur de l'Université de Montréal, Montréal. — Exposition itinérante organisée par Christiane Chassay-Granche pour la Société d'esthétique du Québec; mise en circulation par le Service de diffusion du Musée des beaux-arts de Montréal. *

La Collection de Prêt d'œuvres d'art 1983 : œuvres choisies au Musée d'art contemporain de Montréal, Musée d'art contemporain, Montréal ; Musée du Québec, Québec.

Rendez-vous international. Sculpture 84, Saint-Jean-Port-Joli. *

1983

Le Musée du Québec, 1933-1983. Cinquante années d'acquisitions, Musée du Québec, Québec. *

1981

Galerie Jolliet, Montréal.

Art contemporain. Sculptures, Musée du Québec, Québec.

Vie des Arts : 25 ans, Galerie de l'Université du Québec, Montréal.

1980

La Sculpture au Québec 1970-1980, Musée du Saguenay, Chicoutimi ; Musée d'art contemporain, Montréal.

Symposium international de sculpture environnementale de Chicoutimi, site de la Vieille Pulperie et autres lieux, Chicoutimi. *

Œuvres publiques

* Projets réalisés dans le cadre du Programme d'intégration des arts à l'architecture et à l'environnement du ministère de la Culture et des Communications du Gouvernement du Québec.

2002-2003

Echoes, Vancouver International Sculpture Project, Vancouver.

Elsewhere, Vancouver International Sculpture Project, Vancouver.

2002

Nulle-Part Ailleurs, Musée des beaux-arts de Sherbrooke, Sherbrooke.

2001-2003

Fair Grounds, The Icon, Toronto.

1999-2000

Jardin des curiosités, Belvédère Abbé Larue, Lyon.

La Conjonction des modèles, Hôpital Notre-Dame de la Merci, Montréal. *

1995

Les Moments magiques, Hôpital Royal Victoria, Montréal. *

1994

Bleu… et toutes les couleurs, Institut de réadaptation de Montréal, Montréal. *

Détour : le grand jardin, Parc René-Lévesque, Lachine.

Échos des temps et des lieux, Centre d'accueil et de réhabilitation Domrémy, Montréal. *

Horizons : l'exercice des limites, Centre de formation Le Chantier, Laval. *

Les États affectifs, Hôpital du Sacré-Cœur, Montréal. *

Les Petits Bonheurs, Centre hospitalier de longue durée Villa des Frênes, Saint-Hyacinthe. *

1992

Comme des îles, La Ferme du Buisson, Marne-la-Vallée.

Les Mille Lieux, Université du Québec à Montréal, Montréal. *

Oasis, Centre d'accueil L'Oasis, Mistassini. *

Premiers Regards, Palais de Justice, Saint-Jean-sur-Richelieu. *

1991

Les Enjeux, Théâtre d'Aujourd'hui, Montréal. *

Les Rumeurs, École secondaire Boisbriand, Boisbriand. *

Vigies, Centre d'accueil Saint-Margaret, Montréal. *

1990

Les Leçons singulières, place Roy et belvédère du parc La Fontaine, Montréal.

1989

Les Lieux communs, C.L.S.C. Saint-Laurent, Ville de Saint-Laurent. *

Perspectives éloquentes, Centre hospitalier Mont-Sinaï, Montréal. *

1986-1988

Traces et fragments insolubles, Laval. *

1984

Sans toit (sans toi), Saint-Jean-Port-Joli.

Trait d'union, Ville de Saint-Léonard. *

1983

Tables d'harmonie, Verdun. *

1982

Portes menteuses, Ville de Lasalle. *

1980

Complément axial, Chicoutimi.

Scénographies

2003

La Bibliothèque ou ma mort était mon enfance. Conception et mise en scène de Gilles Maheu. Production de Carbone 14. Nomination de l'Académie québécoise du théâtre, 2003 (Masque de la meilleure scénographie).

2000

Le Petit Köchel. Texte de Normand Chaurette. Mise en scène de Denis Marleau. Production du Théâtre UBU.

1999

Urfaust, tragédie subjective. D'après les textes de Johann Wolfgang von Goethe et Fernando Pessoa. Adaptation, mise en scène et conception vidéo de Denis Marleau. Production du Théâtre UBU. Prix de l'Académie québécoise du théâtre, 1999 (Masque de la meilleure scénographie).

1997

Nathan le Sage. Texte de Gotthold Ephraïm Lessing. Mise en scène de Denis Marleau. Production du Théâtre UBU et du Festival d'Avignon en coproduction avec : Maison des Arts et de la Culture, Créteil ; Théâtre National de Strasbourg, Strasbourg ; Les Gémeaux, Sceaux ; La Coursive, La Rochelle ; L'Hippodrome, Scène Nationale, Douai ; L'Hexagone, Scène Nationale, Meylan ; Le Cargo, Grenoble ; La Rampe d'Échirolles, Échirolles.

1996

Le Passage de l'Indiana. Texte de Normand Chaurette. Mise en scène de Denis Marleau. Coproduction du Théâtre UBU et du Centre national des arts du Canada. Prix Gascon-Roux du Théâtre du Nouveau Monde, 1997 (meilleure scénographie).

Le Vampire et la Nymphomane. Texte de Claude Gauvreau. Mise en scène de Lorraine Pintal. Production de Chants libres.

1995

Merz Variétés. D'après les textes de Kurt Schwitters. Adaptation et mise en scène de Denis Marleau. Production du Théâtre UBU.

1993

Roberto Zucco. Texte de Bernard-Marie Koltès. Mise en scène de Denis Marleau. Coproduction du Théâtre UBU, de la Nouvelle Compagnie Théâtrale et du Festival de théâtre des Amériques. Prix de l'Académie québécoise du théâtre, 1994 (Masque de la meilleure scénographie). Prix de l'Association québécoise des critiques de théâtre, 1993 (meilleure scénographie). Prix du public étudiant de la Nouvelle Compagnie Théâtrale, saison 1992-1993 (meilleure scénographie).

BIBLIOGRAPHIE

Catalogues d'expositions individuelles

2004

Bélisle, Josée. — Part de vie, part de jeu : une incursion critique dans le travail graphique et sculptural de Michel Goulet. — Montréal : Musée d'art contemporain de Montréal, 2004. — 88 p.

2000

Porter le mur comme le masque. — [Textes : Anne Cauquelin, Louise Provencher]. — [Laval, Québec] : Les 400 coups ; [Montréal] : Occurrence, [2000]. — 103 p.

1997

Daigneault, Gilles. — Michel Goulet : un signe de la main. — Montréal : Centre international d'art contemporain de Montréal, [1997]. — 72 p. — Texte en anglais et en français

1988

Michel Goulet. — [Textes : Trevor Gould, Lise Lamarche, Gaston St-Pierre ; traduction : Robert McGee, Jean Dumont ; révision : Josette Lanteigne]. — Montréal : Galerie Christiane Chassay, [1988]. — 48 p. — Texte en français et en anglais

Gascon, France. — Roland Brener, Michel Goulet. — Montréal : Musée d'art contemporain de Montréal, 1988. — 72 p.

1980

Payant, René ; Lamarche, Lise. — Michel Goulet et Louise Robert. — Montréal : Musée d'art contemporain, 1980. — 66 p.

Principaux livres et catalogues d'expositions collectives

2004

Gosselin, Claude et al. — Les 20 ans du CIAC. — Montréal : Centre international d'art contemporain de Montréal, 2004. — 254 p. — Textes en français et en anglais

Musée national des beaux-arts du Québec. — La collection du Musée national des beaux-arts du Québec : une histoire de l'art du Québec. — Sous la dir. d'Yves Lacasse et John R. Porter. — [Québec] : Musée national des beaux-arts du Québec, [2004]. — 268 p. — Aussi publié en anglais sous le titre *Collection of the Musée national des beaux-arts du Québec: a history of art in Quebec.*

Nadeau, Lisanne. — Vingt ans d'intégration des arts à l'architecture et à l'environnement, 1981-2001. — [Québec] : Culture et Communications Québec, 2004. — 130 p.

2003

Buschlen Mowatt Gallery. — Open Spaces: Vancouver International Sculpture Project, Third Biennale. — Vancouver : Buschlen Mowatt Fine Arts, 2003. — 30 p.

Pressé, Suzanne. — Manières et matières : la collection du Musée des beaux-arts de Sherbrooke. — Sherbrooke : Musée des beaux-arts de Sherbrooke, 2003. — 152 p.

Ragans, Rosalind. — Les arts visuels : théorie, création et analyse. — Montréal : Chenelière / McGraw-Hill, 2003. — 568 p.

2002

Invitation au voyage. — [Textes : Josée Acquelin et al.]. — Montréal : Ville de Montréal, 2002. — 142 p. + 35 cartes postales

Daigneault, Gilles. — Contrepoints : du côté des prix Paul-Émile-Borduas, le dessin. — Propos de Lise Lamarche. — Valcourt : Fondation J. Armand Bombardier ; Montréal : Les 400 coups, [2002]. — 125 p.

2001

Les prix du Québec au XXe siècle. — [Sillery, Québec] : Ministère de la Recherche, de la Science et de la Technologie ; [Québec] : Ministère de la Culture et des Communications, 2001. — 1 emboîtage (2 v.). — Texte de Diane Lemieux, ministre

Blouin, Danielle. — Un livre délinquant : les livres d'artistes comme expériences limites. — [Saint-Laurent] : Fides, 2001. — 187 p, [2] p.

Gosselin, Claude. — Growth & risk: Quebec New York 2001. — Québec : Ministère des Relations internationales du Québec, 2001. — 16 p.

2000

PassArt : un constat sociologique de la pratique artistique au seuil du troisième millénaire. — Rouyn-Noranda : Centre d'exposition de Rouyn-Noranda, [2000]. — 79 p. — Texte de Jocelyne Connolly

Lespérance, Marie-Claude. — L'art public à Montréal. — Outremont : Éditions Logiques, 2000. — 199 p.

Newlands, Ann. — Canadian art : from its beginnings to 2000. — Willowdale : Firefly Books, 2000. — 355 p.

Régimbald, Manon ; Rolland, Dominique. — Centre des arts contemporains du Québec à Montréal. — Montréal : L'Hexagone, 2000. — 54 p.

1999

Lamarche, Lise. — Textes furtifs : autour de la sculpture (1978-1999). — Montréal : Centre de diffusion 3D, [1999]. — 320 p. — (Lieudit collection)

Ubersfeld, Anne. — Bernard-Marie Koltès. — Arles : Actes Sud-Papiers, 1999. — 211 p.

1998

3 manières d'instruire l'inventaire. — [Textes : Anne Bénichou, Olivier Asselin, Camille Bouchi]. — [Hull] : Axe Néo-7 art contemporain ; [Trois-Rivières] : Éditions d'art Le Sabord, [1998]. — 147 p.

Musée d'art de Joliette. — Temps composés : la donation Maurice Forget. — Sous la dir. de France Gascon ; textes : Stéphane Aquin, France Gascon, Christine La Salle ; [traduction : Kathleen Fleming]. — Joliette : le Musée, 1998. — 157 p. — Textes en français et en anglais

Raymond, Sylvie. — Passage(s) : le Fonds d'œuvres du CIAC. — Montréal : CIAC, 1998. — 23 p.

1997

Fisette, Serge. — Symposiums de sculpture au Québec, 1964-1997. — Lachine : Centre de diffusion 3D, 1997. — 97 p.

1996

L'intégration des arts à l'architecture et à l'environnement : bilan 1995-1996. — [Québec] : Gouvernement du Québec, 1996. — 44 p.

Gagnon, Paulette ; Racine, Yolande. — L'œil du collectionneur. — Montréal : Musée d'art contemporain de Montréal, [1996]. — 63 p.

1995

L'intégration des arts à l'architecture et à l'environnement : bilan 1994-1995. — [Québec] : Gouvernement du Québec, 1995. — 43 p.

Les lieux incertains. — [Textes : Lucio de Heusch et al.]. — Montréal : Éditions du Département d'art plastiques, UQAM, [1995]. — 43 p., 20 p. de pl.

Prague quadrennial of theatre, design and architecture, 1995 : Industry Palace [...]. — Prague : Theatre Institute, [1995]. — 229 p.

Résidence 1982-1993 : La Chambre Blanche. — Québec : La Chambre Blanche, 1995. — 318 p. — Voir, en particulier, la section documentant l'événement *Chambres d'hôtel : un parcours dans la ville*, p. 153-256.

Musée d'art contemporain de Montréal. — L'abécédaire du Musée. — [Conception et recherche : Danielle Legentil]. — Montréal : le Musée ; Publications du Québec, 1995. — 30 p.

1994

Sight lines: reading contemporary Canadian art. — Edited by Jessica Bradley and Lesley Johnstone. — Montréal : Artexte Information Centre, 1994. — 447 p. — Réédité en français sous le titre *Réfractions : trajets de l'art contemporain au Canada*, sous la dir. de Jessica Bradley et Lesley Johnstone, Montréal : Éditions Artextes ; Bruxelles : La Lettre volée, 1998, 486 p.

1993

Hould, Claudette. — Répertoire des livres d'artistes au Québec, 1981-1990. — [Avec la collaboration de Sylvie Alix et Peggy Davis, Anne-Marie Perreault-Ninacs]. — Montréal : Bibliothèque nationale du Québec, 1993. — 346 p.

Paul, Francine. — Cartographies variables : Dominique Blain, Bernard Gamoy, Trevor Gould, Michel Goulet, Jocelyn Jean, Alain Paiement, Louise Paillé, Richard Purdy, Barbara Steinman, Bill Vazan. — Montréal : Galerie de l'UQAM, [1993]. — 47 p.

1992

Art actuel : présences québécoises. — [Textes : Gilles Daigneault, Lise Lamarche]. — Paris : AFAA, 92. — 125 p.

L'intégration des arts à l'architecture et à l'environnement : bilan 1991-1992. — [Québec] : Gouvernement du Québec, 1992. — 55 p.

Legs René Payant. — [Texte : Pierre Landry]. — Montréal : Musée d'art contemporain de Montréal, [1992]. — [8] p.

Singulier / Pluriels. — [Textes : Anne Bérubé et al.]. — Montréal : Éditions du Département des arts plastiques, Université du Québec à Montréal, [1992]. — 37, [17] p.

Violence : pièges du regard = Violence: the deadly seduction. — Sous la dir. de Louise Poissant. — Montréal : Société d'esthétique du Québec, 1992. — 128 p. — Texte en français et en anglais. — Texte de Louise Letocha

Bélisle, Josée et al. — La collection : tableau inaugural. — Montréal : Musée d'art contemporain de Montréal, 1992. — 591 p. — Texte de P[aulette] G[agnon]

Daigneault, Gilles. — Goulet, Alloucherie, Mihalcean. — Québec : Galerie Madeleine Lacerte, [1992]. — [24] p.

Desautels, Denise. — Leçons de Venise : autour de trois sculptures de Michel Goulet. — 2e éd. — Saint-Lambert : Éd. du Noroît, 1992, c. 1990. — [92] p. — Comprend des poèmes. — Tirage limité à 500 ex., dont 15 ex. num. et signés par l'auteure et l'artiste et enrichis d'une œuvre originale sous boîtier de Michel Goulet

1991

« En hommage à un cadeau d'Eva Hesse à Sol Lewitt ». — [Conception du catalogue : Marc Audette ; texte : Richard Gagnier]. — [Hull] : Axe Néo-7, [1991]. — [48] f.

Entrée libre à l'art contemporain : Puissance et reflets 1991-1992. — Montréal : La Galerie des Arts Lavalin, 1991. — Texte de Michel Goulet

Barilli, Renato ; Restany, Pierre ; Segato, Giorgio. — Quindicesima biennale internazionale del bronzetto piccola scultura, Padova 1991 : l'avventura dell'oggetto ommaggio a César. — Milano : Electa, 1991. — 171 p.

Déry, Louise. — Un archipel de désirs : les artistes du Québec et la scène internationale. — [Textes : Louise Déry, Marie-Lucie Crépeau, Stéphane Aquin, Chantal Pontbriand]. — Québec : Musée du Québec, 1991. — 223 p. — Comprend du texte en anglais

Nadeau, Lisanne. — Une décennie : l'intégration des arts à l'architecture et à l'environnement. — [Québec] : Gouvernement du Québec, 1991. — 83 p. — Texte de Michel Goulet

Nadeau, Michel. — Chefs-d'œuvre de la collection. — [Québec] : Musée du Québec, 1991. — 87 p. — (Le Musée du Québec en images ; 2)

1990

Les prix du Québec. — Québec : Ministère des affaires culturelles, 1990. — Catalogue souvenir

1989

Séries Kompakt. — [Montréal : Galerie d'art Lavalin, 1989]. — [41] p. — Texte en français et version anglaise à la fin

Bélisle, Josée. — L'histoire et la mémoire : acquisitions récentes en art québécois. — Montréal : Musée d'art contemporain de Montréal, [1989]. — [12] p.

1988

Innovations in sculpture, 1985-1988. — Ridgefield, Conn., Aldrich Museum of Contemporary Art, [1988]. — [4] p. — Présentation de Ellen M. O'Donnell

La Biennale di Venezia : catalogo generale. — Venezia : La Biennale, 1988. — 391 p.

Stations : les cent jours d'art contemporain de Montréal, 1987. — Montréal : Centre international d'art contemporain de Montréal, 1988. — 207 p. — Texte en français et en anglais. — Texte de James D. Campbell

Voies / voix intimes : 48 œuvres d'art de la collection permanente et 13 œuvres de la collection de prêt du Musée du Québec [...]. — [Texte : Roger Bellemare]. — Montréal : Galerie d'art Lavalin, [1988]. — [72] p.

Bélisle, Josée et al. — Les temps chauds. — Montréal : Musée d'art contemporain de Montréal, 1988. — 72 p. — Comprend un encart en anglais

1987

De fer et d'acier : œuvres sculptées, peintes et tissées par 18 artistes canadiens contemporains. — [Montréal : Galerie des Arts Lavalin, 1987]. — 23 p.

Musée d'art contemporain de Montréal. — Histoire en quatre temps. — [Conception et réalisation de l'exposition et du catalogue : France Gascon]. — Montréal : Musée d'art contemporain de Montréal, 1987. — 63 p. — Texte en français et en anglais. — Texte de Michèle Waquant

Payant, René. — Vedute : pièces détachées sur l'art, 1976-1986. — Laval : Trois, 1987. — 505 p. — Collection Vedute

1986

Cycle récent et autres indices : Michel Goulet, Michel Martineau, Louise Robert, Serge Tousignant. — [Introduction : France Gascon]. — Montréal : Musée d'art contemporain de Montréal, 1986. — 47 p.

Du poétique de la maquette et de ses répliques. — [Texte : Gaston St-Pierre]. — Montréal : Galerie Christiane Chassay, 1986. — 1 portefeuille [21] f.

Installations – fictions. — [Rédaction : Denise Desautels, Marcel Labine]. — Montréal : La Nouvelle Barre du jour, 1986. — N. p. — Périodique

Musée du Québec. — La Galerie du Musée, 1976-1986. — [Québec] : le Musée, 1986. — 134 p.

Laliberté-Bourque, Andrée. — Images mémoire. — [Québec] : Musée du Québec, 1986. — 22, [2] p.

1985

Musée d'art contemporain de Montréal. — Les vingt ans du Musée à travers sa collection. — Montréal : le Musée, 1985. — 371 p. — Texte de Josée Bélisle

1984

Rendez-vous 84 : journal officiel de l'organisation du Rendez-vous international de sculpture 84, Saint-Jean-Port-Joli. — Saint-Jean-Port-Joli [Québec] : Direction des communications de la Corporation du Congrès international de sculpture Saint-Jean-Port-Joli, 1984. — V. — Textes de Olga Debiencourt et Luc Saint-Hilaire

Chassay-Granche, Christiane ; Foisy, Suzanne. — L'art pense. — Montréal : Société d'esthétique du Québec ; Département d'histoire de l'art, Université de Montréal, 1984. — 80 p.

1983

Le Musée du Québec, 500 œuvres choisies. — Québec : Ministère des Affaires culturelles, Direction des communications : Ministère des Communications, Direction générale des publications gouvernementales, 1983. — 378 p., 48 p. de pl. — Texte de Michel Martin

1980

Symposium international de sculpture environnementale de Chicoutimi. — [Québec : Ministère des Affaires culturelles, 1980]. — 105 p. — Présentations de Denys Tremblay et Richard Martel

Tendances actuelles au Québec. — [Québec] : Ministère des Affaires culturelles, 1980. — 168 p. — Texte de Lise Lamarche

Dictionnaires et encyclopédie

2001

The HRW ESL dictionary and thesaurus for French-speaking students. — Laval, Québec : Éditions HRW, 2001. — 1173 p.

1992

Dictionnaire de l'art moderne et contemporain. — Sous la direction de Gérard Durozoi. — Nouv. éd. rev. et augm. — Paris : Hazan, 1992. — 733 p. — Texte de C[laire] G[ravel]

1990

Encyclopaedia Universalis. Tome 4. — Paris : Encyclopaedia Universalis, 1990. — 1055 p. — Texte de Constance Naubert-Riser (sous Canada : vie culturelle)

Textes dans périodiques (sélection)

2002

de Billy, Hélène. — « L'homme qui plantait des chaises ». — L'actualité. — Vol. 27, n° 9 (1er juin 2002). — P. 122-125

2000

Ste-Marie, Bernard. — « Le belvédère Abbé Larue à Lyon : le projet lauréat de Réal Lestage, Julie Saint-Arnault et Michel Goulet ». — ARQ. — N° 112 (août 2000). — P. 25-28

St-Pierre, Gaston. — « Michel Goulet, portrait de groupe ». — Espace. — N° 53 (automne / Fall 2000). — P. 32-34

Védrenne, Élisabeth. — « Porter le mur comme le masque ». — L'Œil. — N° 519 (sept. 2000). — P. 86

1999

Lesage, Marie-Christine. — « Installations scéniques : le cas du Théâtre UBU et du collectif Recto Verso ». — L'Annuaire théâtral. — N° 26 (automne 1999). — P. 30-45

1998

Laframboise, Alain. — « Michel Goulet ». — Parachute. — N° 89 (janv./févr./mars 1998 / Jan./Feb./Mar. 1998). — P. 41-43

1997

Couëlle, Jennifer. — « Michel Goulet : Centre international d'art contemporain ». — Art Press. — N° 226 (juill./août 1997). — P. 77

Daigneault, Gilles. — « Michel Goulet : inventeur / inventoriateur ». — Trois. — Vol. 12, n° 1 (1997). —P. 87-109

Provencher, Louise. — « Michel Goulet chasseur de vide et détecteur de grands fonds ». — Espace. — N° 40 (été / Summer 1997). — P. 10-17

1996

« Discussion ». — Trois. — [Échanges entre H. Corriveau et al.]. — Vol. 11, n° 1/2. — Numéro double, 10e anniversaire. — Texte complémentaire à celui de Lise Lamarche, « Regards obliques dans les galeries souterraines », p. 183-190. — P. 191-194

Goulet, Michel. — « "Qui est Michel Goulet ?" ». — Topo Magazine. — Entretien avec Denis Marleau. — N° 39 (mars 1996). — P. 38-43

1995

Goulet, Michel. — « Frapper aux portes et abattre les murs ». — Trois. — Vol. 10, n° 3 (printemps / été 1995). — Dossier : « L'Œuvre en collaboration », p. 7-172. — P. 71-76+

1994

Robert, Louise. — « Trajectoires croisées : Michel Goulet = Crossed trajectories : Michel Goulet ». — Espace. — N° 30 (déc. 1994 / janv./févr. 1995 / Dec. 1994 / Jan./Feb. 1995). — P. 12-13

1993

Béland, Daniel. — « Du lieu comme objet [Quinze chambres d'hôtel à Québec] ». — ETC Montréal. — N° 22 (mai / août 1993). — P. 13-20

Couëlle, Jennifer. — « Michel Goulet, scénographe : lorsque les arts visuels nous transportent ». — Jeu. — N° 69 (déc. 1993). — P. 30-32

Goulet, Michel. — « Construire un espace déjà habité [...] ». — Jeu. — Entretien avec Jennifer Couëlle. — N° 69 (déc. 1993). — P. 33-40

1992

Goulet, Michel. — « [Réponse de Michel Goulet] ». — ETC Montréal. — N° 18 (printemps 1992). — Dans le cadre du dossier thématique « À Madame la ministre des Affaires culturelles du Québec ». — P. 11-12

1991

Michel Goulet. — « Face à face : Michel Goulet sur la place publique ». — L'actualité. — Entretien avec L'actualité [Hugo Léger]. — Vol. 16, n° 1 (janv. 1991). — P. 8

Goulet, Michel. — « Michel Goulet, lauréat du prix Paul-Émile-Borduas 1990 ». — ETC Montréal. — Entretien avec Isabelle Lelarge. — N° 14 (printemps 1991). — Sous « Dossier thématique : autour de Michel Goulet ». — P. 9-12

Granche, Pierre. — « Michel Goulet et l'enseignement ». — ETC Montréal. — N° 14 (printemps 1991). — Sous « Dossier thématique : autour de Michel Goulet ». — P. 18-20

Lamarche, Lise. — « Leçons singulières : une sculpture urbaine ». — RACAR : Revue d'art canadienne / Canadian Art Review. — Vol. 18, n° 1/2 (1991). — P. 91-96

Lamarche, Lise. — « Michel Goulet : Leçons singulières et Lieux communs ». — ETC Montréal. — N° 14 (printemps 1991). — Sous « Dossier thématique : autour de Michel Goulet ». — P. 1-8

Régimbald, Manon. — « Sculpture publique / Monument et installation : les leçons publiques de Goulet ». — ETC Montréal. — N° 14 (printemps 1991). — Sous « Dossier thématique : autour de Michel Goulet ». — P. 13-17

Rodriguez, Véronique. — « L'in situ et Les lieux communs de Michel Goulet ». — Espace. — N° 17 (automne/Fall 1991). — P. 12-14

1990

Grande, John K. — « Michel Goulet: Galerie Christiane Chassay ». — Artforum. — Vol. 28, no. 10 (Summer 1990). — P. 174

Legros, Hervé. — « Michel Goulet : Services culturels du Québec ». — Art Press. — N° 152 (nov. 1990). — P. 90

Robillard, Jean-Louis. — « Leçons singulières ». — ARQ. — N° 56 (août 1990). — P. 31

Wilcox, Elizabeth. — « Michel Goulet, Les lieux communs ». — Sculpture. — Vol. 9, no. 4 (July / Aug. 1990). — P. 53

1989

Thibeault, Anne. — « L'art intégré à l'architecture ». — Esse. — N° 14 (hiver 1989 / 1990). — Dossier. — P. 2-15

1988

De Maet, Jacques. — « Venise : à contre-courant ! ». — + - 0. — N° 51 (oct. 1988). — P. 5-7

Fisette, Serge. — « Chirurgie plastique ». — Espace. — Vol. 4, nº 4 (été 1988). — P. 9-11

Le Grand, Jean-Pierre. — « Prendre Venise : la montée fulgurante de Michel Goulet ». — Vie des Arts. — Vol. 33, nº 131 (juin 1988). — P. 56-58

Taillefer, Hélène. — « Pour le plaisir de se déplacer ». — ETC Montréal. — Nº 5 (automne 1988). — P. 60-62

1987

Durand, Guy. — « Michel Goulet : sculpture-installation de Michel Goulet, au Lieu (28 février–8 mars 1987) ». — Inter. — Nº 36 (été 1987). — P. 58-59

1986

Gould, Trevor. — « Building structure: Michel Goulet ». — Vanguard. — Vol. 15, no. 1 (Feb. / Mar. 1986). — P. 27-30

1985

Lamarche, Lise. — « Michel Goulet ». — Parachute. — Nº 40 (sept./oct./nov. 1985 / Sept./Oct./Nov. 1985). — P. 31-32

1984

Goulet, Michel. — « Michel Goulet [...] ». — Inter. — Entretien avec Hervé Fischer. — Nº 25 (automne 1984). — P. 26-28

1983

Chassay, Christiane. — « La table et le tableau : à propos de Fac-similé de Michel Goulet ». — Galerie Jolliet. — Nº 12 (févr. 1983). — P. 15-17

Payant, René. — « D'une table les autres ». — Spirale. — Nº 32 (mars 1983). — Repris dans *Vedute : pièces détachées sur l'art, 1976-1986*, Laval, Trois, 1987 (collection Vedute), p. 489-491. — P. 13, 14

1982

Goulet, Michel. — « Découvrir : de l'invention à l'inventaire ». — Intervention. — Nº 15/16 (juin 1982). — P. 68-69

1981

« Michel Goulet ». — Galerie Jolliet. — Nº 6 (juin 1981). — Comporte un court texte de Michel Goulet. — P. 7

Lamarche, Lise ; Goulet, Michel. — « Entrelacs nonchalant ». — Galerie Jolliet. — Nº 10 (nov. 1981). — P. 3-6, 10-13

1980

Gascon, France. — « Entre l'événement et l'histoire : l'exposition Michel Goulet – Louise Robert ». — Parachute. — Nº 21 (hiver 1980). — P. 42-43

Goulet, Michel. — « Michel Goulet ». — Intervention. — [Entretien avec C. Gaudreault]. — Nº 9 (automne 1980). — Sous « Les sculpteurs ». — P. 3-5

Lamarche, Lise. — « Examen de passage. Notes à partir d'une sculpture de Michel Goulet ». — Galerie Jolliet. — Nº 4 (déc. 1980). — P. 10-11

Larochelle, Colette. — « Énergie et espace : sculptures de Michel Goulet ». — Ateliers. — Vol. 8, nº 5 (déc. 1980 / janv. 1981). — P. 3-5

Enregistrements vidéo

1990

Les Prix du Québec, 1990 : marquer son temps. — Montréal : Vidéographe, 1990. — 1 vidéocassette, 30 min, 13 mm. — Coul., son

1989

Canal Zap Canal. — Réalisation : Marie Décary. — Québec : Maison des Quatre, 1989. — 1 vidéocassette, 59 min, 1/2 po. — Coul., son

1986

Sculpture actuelle au Québec. — Réalisation : Louise Lacasse ; texte : Marcel Saint-Pierre. — Montréal : Conseil de la sculpture du Québec, 1986. — 1 vidéocassette, 53 min, 1/2 po. — Coul., son

Site Web de l'artiste

http://www.michelgoulet.ca

Collections publiques

Banque d'œuvres d'art du Conseil des Arts du Canada, Ottawa

Collection Prêt d'œuvres d'art, Musée national des beaux-arts du Québec, Québec

Hydro-Québec, Montréal

Ministère des Affaires étrangères et du Commerce international du Canada, Ottawa

Musée d'art de Joliette, Joliette

Musée d'art contemporain de Montréal, Montréal

Musée des beaux-arts de Montréal, Montréal

Musée des beaux-arts de Sherbrooke, Sherbrooke

Musée du Bas-Saint-Laurent, Rivière-du-Loup

Musée national des beaux-arts du Québec, Québec

Musée régional de Rimouski, Rimouski

Ville de Chicoutimi

Ville de Montréal

Ville de Saint-Léonard

Winnipeg Art Gallery

La biobibliographie sélective de Michel Goulet est disponible sur le site Web de la Médiathèque du Musée d'art contemporain de Montréal (http://www.media.macm.org).